Impressum

Herausgeber   Michael Thomsen
                     www.altenpflege-experte.de

Bildernachweis   Michael Thomsen
                     freeeepikauf
                     fotolia
                     Ircb
                     iamfeli
Layout/Gestaltung   Andreas Schnellen

Zwanzig Zwanzig

Gedichte, Gedanken und
eine märchenhaft-utopische Erzählung
von

Michael Thomsen

Herstellung und Verlag: BoD – Books on Demand, Norderstedt
ISBN: 9783753406220

Inhalt

Vorwort

Steht Zwanzig Zwanzig für den Beginn einer Wendezeit? Diese Frage stelle ich mir angesichts der Pandemie und – ich hoffe es sehr! Wohin aber sollen wir uns wenden? Ganz sicher nicht in irgendeinen Glauben, wie ihn Religionen vermitteln! Schaue ich mir aufmerksam die Nachrichten an, dann wiederholt sich folgender Fakt: Unruhen, Krieg, Anschläge, Spaltungen innerhalb der Gesellschaft haben immer wieder ihren Ursprung in Glaubensrivalitäten. Allerorten religiöse oder ideologische Grabenkämpfe und entsprechend motivierte Attentate. Man kämpft gegeneinander, heute meist weniger mit Waffen – so weit so gut –, als vielmehr mit Glaubenssätzen, ignoriert Wissenschaften und die Mehrheit hat kein Wissen, geschweige denn Bildung. Und die viel gelernt haben, stellen den „Glaubenden" ihre Wissens-Sätze zur Verfügung, um sie in Verschwörungstheorien einbauen und verkommen zu lassen. Ja – unser Wissen ist unsicher, unsere Wissenschaften irgendwie erschüttert und bezweifelt, sind sie nicht das Ende von Wahrheit und Weisheit! Nie gewesen, aber ein sichereres Standbein als die Glaubenskrücken. Falsifikationsprinzip und Annäherung, immer wieder sind Erkenntnisse zu überprüfen. Wissenschaften sind der Weg zur Annäherung an Wissen, nicht Wissen selbst, aber eben kein Vermuten oder Glauben. Gleichwohl wissen und spüren die meisten Menschen, wohin die Reise gehen sollte. Sie suchen nach Belegen und Argumenten.

Anders bei den vielen, die nur Überschriften lesen und auf Täuschung hereinfallen. Es findet kein Vertiefen und Checken der Argumente statt, sondern sie unternehmen immer wieder rhetorische Schachzüge, ein Umkurven der Themen. Ausweichmanöver allenthalben und immer wieder das „Ja, aber" und „der andere hat aber auch", nämlich auf neue Felder führen, wo sich der Herausgeforderte sicher fühlt, um zu belegen, was nämlich der andere vermeintlich Böses verzapft hat. Reine Ablenkung vom Themenkern.

Ja – weiser sollte unsere Gesellschaft werden. Aber – wie das eine oder andere Gedicht beschreibt – ist der Weg zur Weisheit steinig und schwer. Dem Klügsten und Besonnensten nützt seine Klugheit, seine Intelligenz, sein Mut und seine Geschicklichkeit nichts, wenn er sich nicht entwickeln und unter Menschen friedlich wandeln kann. Gleichwohl lerne ich aus der Geschichte und gerade jetzt, dass es scheinbar IMMER 10 bis 20 Prozent Menschen gibt und geben wird, die Wege der Wahrheitssuche und der Verstehensbemühungen gar nicht fähig sind zu gehen. Und die niederschmetterndste Erkenntnis dabei ist, dass nur die allerwenigsten – keine 2 bis 3 Prozent – ihre irrige Meinung, das Produkt von Glauben, Vermuten und Angst, ändern werden. Die Masse der Irrenden ist nicht zu belehren, oder gar zu überzeugen. Und sie haben leider ein immer höheres Ansteckungspotential über die neuen Medien. Sie sind verloren in Verschwörungstheorien und Irrsinn und daraus nicht mehr rauszuholen. Und eben auf diese werfen die Medien ihre Scheinwerfer und gefährden die Meinungsbildung und die Demokratie.

Bleibt für mich die Frage in Folge der Aufklärung: Wenn wir nicht alle aufklären können, und Teile des Unaufgeklärtseins ja auch in jedem Menschen vorhanden sind, wo setzt meine Weisheit an? Bei wem führt Aufklärung zum Ziel, wenn prinzipiell kaum mehr als

80 Prozent der Menschen Argumenten folgen können und der Rest befangen bleibt im Irrglauben, im ideologischen Denken, in Angst oder Profitsucht, oder weiterhin meint, ihre Freiheit werde beschränkt, wenn sie keine Waffen tragen dürfen, nicht im Winter in die Berge zum Skifahren dürfen oder gebeten werden eine Maske zu tragen.

Schaut man sich andere Kulturen (Südostasien) an, dann sieht man, wie sie anders durch Krisen kommen und nicht jammern über die vorübergehenden Einschränkungen im Ausleben ihrer Gelüste, die sie Freiheit nennen, sondern diszipliniert durchhalten und auch bei Infragestellung mancher Maßnahme die Geduld behalten und so früher wieder Freiheiten genießen können als die meist westlichen Länder, in denen Minderheiten mit kruden Ideen und aufdringlichen Demonstranten, die vor dem Reichstag Fahnen schwenken, mehr Aufmerksamkeit erhalten als diejenigen, die in Sorge um ihre vulnerablen Mitbürger sich in Demut zurücknehmen.

Wenn dieses Zahlenverhältnis stimmt, dann sind vielleicht radikale Maßnahmen der Regierung alternativlos und vonnöten. Führt uns das aber nicht in eine neue Form von Diktatur, wie es Rechte und Verschwörungstheoretiker uns und sich selbst weis machen wollen? Müssen wir die Aufrichtigen, die Wahrheitssucher, die Sanftmütigen nicht vor den Skrupellosen und Fanatikern schützen lassen? Wie ist das mit dem Klimawandel? Da sind sich wohl die meisten Menschen und nicht nur die Wissenschaftler sehr einig, dass der a) menschengemacht und b) ohne Gegenmaßnahmen zu einer Katastrophe führen kann/wird.
Nur folgt daraus kein adäquates Handeln an den Stellen, wo Entscheidungen unumgänglich sind und zu erwarten wären. Was hin-

dert die Menschen an den Machthebeln daran, im Sinne von Aufklärung, Vernunft, Moral, Erkenntnis und (vorläufigem) Wissen zu handeln? Genau den zehn Prozent ewig und immer Unaufklärbaren auch noch gerecht werden wollen und im Namen des Grundgesetzes sie demonstrieren lassen? Haben wir ein Recht darauf, dass diese nicht nur zurechtgewiesen, geächtet oder gar eingesperrt werden? Nein! Dennoch gibt es die Grenze da, wo andere Menschen nachweislich durch das Zulassen des Wirkens dieser Exoten in ihrem Leben gefährdet werden.

Diese Fragen treiben mich um. Und ich spüre immer wieder die Ohnmacht und merke den Energieverlust. Ich will nicht schuldig werden, wenn ich Polizeigewalt oder noch so gut begründete, restriktive Maßnahmen der Regierung gutheiße oder toleriere. Andererseits wurden die Nazis 1933 demokratisch gewählt – und man musste es im Rahmen des geltenden Rechts zulassen.
Demonstrierende Menschen in Leipzig, München, Berlin, deren Freiheitsbedürfnis ich verstehe, deren Blindheit für gute Argumente und differenzierte Erklärungen ich aber auch sehe und deren Sehnsüchte und Wahrnehmungen ich dennoch verstehe, deren Verhalten ich aber eigentlich nicht durchgehen lassen kann, weil ich Verantwortung trage und weil es nicht nur - abstrakt – Menschen, sondern real mein Leben und das meiner Enkel zerstören kann, nur weil diese Lustdemonstranten keine Lust auf Disziplin haben und ihr Gebaren dann Freiheit nennen. Wo ich mir eigentlich dann einen starken – ja autoritären – Staat wünsche – und dabei, nämlich dies zu wünschen – ein Gefühl der Schuldigkeit verspüre, weil ich auch sie nicht einfach bevormundet sehen möchte.

Aber es ist und bleibt so: Mündigkeit ist gut und richtig und Ziel aller Erziehung. Aber wer Vater, Mutter, Erzieher ist, der weiß auch, dass es im Gedeihen von unseren Kindern Phasen gibt, wo wir Vormund sein müssen, ob wir wollen oder nicht. Und so ist es auch beim Staat, er muss doch wissen, dass es Menschen gibt, die nicht reif und mündig oder verantwortungsbewusst sind. Denen kann er schlicht nicht alles durchgehen lassen; sonst handelt er selbst unverantwortlich.

Die Corona-Pandemie ist vielleicht DER Prüfstein für das Fortbestehen der Menschheit, zwar noch mehr die Klimakatastrophe, aber Corona trifft uns biologisch rascher, wird vielleicht aus der Ecke der Bakterien und Viren etc. nicht die letzte Feuerprobe für die Menschheit bleiben, und erweist sich in den Konsequenzen früher, so dass die Pandemie zum allgemeinen Umkehren triggern könnte. Mal sehen, was folgt.

Den Gedichten lasse ich diesmal eine Erzählung folgen. Sie enthält biografische Elemente und ist mein erster umfänglicher Prosa-Versuch. Ich wünsche den Leserinnen und Lesern viel Freude bei der Lektüre und den einen oder anderen Erkenntnisgewinn.

Bissendorf, im Dezember 2020

Gedichte aus dem Jahr 2020

Im Wald

Unter Baum und Baum das Pilzgeflecht
Wald - weit und breit mit Laub bedeckt.
Vom Waldgeruche voll und trunken
Bin ich ins Moos hineingesunken.

Im Farne stehend bis zu meiner Wade
Find ich unter Rinden manche Made.
Vorbei ich schreit an ein paar Kiefern,
Die noch im Winter Schatten liefern.

Der Buntspecht klopft und leise
Folgt mein Blick dem Fluge einer Meise.
Warte nun, dem Moment zu lauschen,
Einatmend lang - das Waldesrauschen.

Kann im dunklen Schatten nur vermuten
Ein zierlich Rehlein auf vier Hufen.
Folgt da meinem Schritt der Blick der Eulen
Hindurch zu mir an Stammessäulen?

Zwischen Wolkenlücken, die gewähren,
Ein paar Sonnenstrahlen zu verehren.
Bin tief hier drinnen angekommen,
Von des Waldes Geiste angenommen.

Ganz stille nur kann ich erfahren,
Dass lebend Tier und Tod im Walde waren.
Mag gar nicht schließen meine Augen,
Will alles Treiben in mich saugen.

Ein plötzlich Rascheln hier und dort,
Mein Schritt, er treibt das Tier hinfort.
Lenke nun langsam meine Schritte
Hinfort aus der finstern Waldesmitte.

Zum Brennen, ich mit Holz beladen,
Verlasse nun des Waldes Farben.
Bald zu sitzen an des Ofen Wärme
Bleibt die Sehnsucht nach der Ferne.

Noch heute seh ich Blätterleuchten,
Im Herbst über Wiesen - feuchten.
Am Morgen dann danach auf dem Laub,
Darauf feinster Schnee, wie eingestaubt.

Lass Wald, Du, Winter kommen, gehen,
Dass wir im Frühjahr freudig sehen,
Was Du wieder uns zu geben hast,
Zu werden Sommers grüne Baumeslast.

Lust und Unlust

Lust

Sich selbst als wirksam erleben
Alles unter Kontrolle haben
Dankbarkeit und Wohlwollen spüren
Den Anblick von Schönem genießen
Freude beim Spielen empfinden
Stolz auf Geleistetes sein
Sich mit anderen verbunden fühlen
Gut und kompetent beraten werden
Gut und Böse unterscheiden können
Wahres und Unwahres bemerken

Unlust

Abhängig sein von der Gunst anderer
Gefühle nicht kontrollieren können
Neid und Missgunst spüren
Blind sein für das Schöne
Alles Spiel als Kampf betrachten
Nur Leistung zählen lassen
Einsam und verlassen sein
Immer wieder betrogen werden
Nicht wissen, was Gut und Böse ist
Verwirrt sein und nicht durchblicken

Ersatzbildungen

Wo es an Vertrauen mangelt,
Wird nach Ersatz geangelt.
Muss es doch den Mensch verdutzen,
Denken, ohne Gott als Wort zu nutzen.

Angst gebiert den Wahn und Religion,
Nur selten gereicht zur Sublimation.
Konsum betäubt auf dieser Flucht,
Ein Bündel aus Naivität und Sucht.

In Allem bleibt es nur vermeintlich
Und vermehret sich ganz heimlich.
So sie sich gerettet fühlen, sei es allein,
Doch wird es niemand wirklich sein!

Nicht mit Argument und Wahrheit,
Nicht mit Herz oder Gelassenheit
Kann ich andere überzeugen,
Muss mich dem Gerede beugen.

Das Sinngebilde gelten lassen,
Welches nicht ist zu erfassen,
Das Du, es will was gelten,
Da hilft mir auch kein Schelten.

Spare mir die Kraft zum Reden
Und wende mich dem Leben,
So zu finden in manchem Schuh
Darüber einem Kopfe zu.

Einander offen zugewandt,
Rasch ein Gespräch entbrannt,
Das uns ganz nett und heiter
Führet auf geradem Wege weiter.

Against Corona

Warum noch was erleben;
Und in die Ferne reisen?
Warum noch zu Partys schweben,
Was will man da denn nur beweisen?

Kein Trost man in der Trauer findet,
Keiner mehr den Arm waget zu legen
Auf deine Schulter, Dir zum Segen,
Nirgends mehr dich Vertrautheit bindet.

Mit dem Körper stets verbunden,
Fährt unser Geist so manche Runden,
Hat er die Fesseln der Natur erkannt,
Ist seine Sicherung gar durchgebrannt?

Gottlob, gibt es ja Bücher!
Darin lesend auf so manche Weise,
Ich kann machen jede lange Reise
Auch ohne störend Maskentücher.

Vorbeigeschleust

Sind wir nicht eigentlich nur Asche und Staub?
Mikrobenprodukt und Madengeschmeiß,
Hervorgegangen aus, Saft, Wärme und Schleim,
Das hinweg sich hebet vom Sein zum Überbau?

Sich noch eben fühlend allem überlegen,
Vergessen, dass wir aus Fleisch nur sind,
Angreifbar, verletzlich mit - und ohn´ Vermögen
Dieweil uns Lebenszeit von dannen rinnt.

Die Zange nicht, die es könnt greifen,
Das Beil auch nicht, das Holz könnt spalten,
Ein Chip vielleicht, der kann nur verweisen,
Darauf geprägt, wie stets wir uns verhalten.

Leugnend und missachtend, was uns gebaut.
Können sie nicht lösen sich vom Staub,
Der immer bleibt vor all den Daten
Und findet Platz auf jedem Spaten.

Zwischen Eins und Null alles digital,
Dazwischen Wir und doch ohne Wahl.
Zwischen Himmel aber und der Erde
Ausgelöscht mein Name werde.

Verhaftet bleibt mein Selbst im Dasein,
Wird mit so manchem Freund gemein.
Wohl kann entfliehn in Cyber-Welten,
Die leider am Ende gar nichts gelten.

Viel zu oft der Illusion erlegen,
Wollt ich so viel noch bewegen,
Nicht ahnend, was mich biegt,
Wird mein Überbau besiegt.

Vorbei geschleust am wirklich Leben
Naturverhaftet, kann mich nicht erheben.
Eingestellt auf all die Billigware,
Die mich tragen wird zur Bahre.

Zerschlagen und wie verhackt
In reichlich Nahrung eingepackt.
Vom Rhythmus der zuckend Daten,
Die vor dem Grabe auf mich warten.

Griechische Philosophen

Schön und gut,
Mit Stolz und Mut.
Schleim und Galle.
Meersalz in der Qualle.
Trägheit und Zorn.
Fange an von vorn.

Mit wenig kommt er rund,
Führt ein Leben wie ein Hund.
Scheißegal und Kotzenübel
Erwartet Diogenes in dem Kübel -
Alexander, der will auf
Und in die weite Welt hinaus.

Schallt's heraus aus seiner Tonne:
„Geh mir ein wenig aus der Sonne."

Mutter

Ach Mutter, wo blieb unser Leben,
Das Du mir hast gegeben?
Drohten auswärts irgendwo zu stranden,
Gelang es uns noch weich zu landen.

Ganz früh schon aufgefangen,
Müssen nicht ums Leben bangen.
Dank, dass nicht gleich im Stich gelassen.
Damit ich mich später muss befassen.

Was sei wichtig uns im Leben?
Sag nicht, es wird sich geben!
Kein Mutter, Vater sich beweiset,
Wenn ihr Geist zu sehr vereiset.

Es ist und bleibt die unbedingte Liebe,
Nicht dagegen Stolz, Vernunft und Hiebe,
Vom Himmel zu mir hingeschickt,
Gelingt des Menschen Meisterstück.

Friedensvariationen

Frieden erhalten
Durch Verteidigung.
Als Pazifist.
Durch Abschreckung.
In Übereinstimmung
Mit Natur um mich.
Meditierend
In innerlicher Ruhe,
In Versenkung gar.
Oder im Tod.

Nicht fassen können

Wir fassen nichts,
Da alles fließt.
Wie das Fahren des Bleistifts
Auf dem Papier.
Wie das Nachfahren der Augen
Auf diesen Buchstaben.
Wie Festhalten des Traumes Botschaft
Am Morgen und die Zeit Danach.
Wie der Geist der Seele
Unsichtbaren Zielscheiben Nachjagend.

Begegnerschaft

Vor mir Natur und wilde Wege,
Mal Anstieg und mal Hindernis,
Mal Abstieg oder Wilderness.
Kann doch umgehen das Gehege.

Die Wand, die nicht ist zu erklimmen,
Heft daran mich froh und munter an.
Noch zu fühlen wie ein Fisch im Fang.
Kann vielleicht bei Flut umschwimmen.

Lass mich treiben von den Wogen,
So ich genügend Luft und Ausblick hab.
Von kräftig Arm hervorgezogen,
Kann ich den Druck noch geben ab.

Nun, da die Wand und Kraft will weichen,
Schauen wir ihr mutig ins Gemach,
Zu finden darin verwest noch Leichen,
Getrost ich dem kann folgen nach.

Authentisch sein

Kann man alles wirklich lernen
Vom Nahen und vom Fernen?
Vieles, sicher und durchaus.
Bei manchem gibt man besser auf
Und bleibt bei seinen Leisten,
Authentisch sein gewinnt am meisten.

Leid ertragen

Ein Leiden in und an der Welt
Zu sehen, was dem Menschen zählt.
Zernagt, was in ihm drinnen,
Hindert, das Gute zu erringen.

Die Zeit rückt mir zu Leibe,
Alt geworden unter dem Kleide.
Zeitgeister, die mich riefen,
Zerren mich in dunkle Tiefen.

Fühle mich erst dann befreit,
Wenn Wort und Reim sich reiht,
Sich eignet zudem dem Lobgesang,
So zu einem frohen Liede langt.

Was nun so leicht zusammen fällt,
Als sei es gar im Voraus bestellt,
War zunächst ein zweifelnd Wagen,
Ist nun viel besser zu ertragen.

Kann nicht ändern den Weltenlauf,
Nehm das Schicksal mit in Kauf.
Bleibe stets ein ahnend Wesen,
Das aus Geschichte noch kann lesen.

Will nun nicht mehr verzagen
Und Dummheit brav ertragen.
Weiß nicht, ob ich´s tragen will,
Drum sprech ich´s zu mir still.

Johannes

Versagt Sophia?
Dadurch die Welt entsteht?
Oder reicht das Wort
Und auch die Antwort
Zur Schöpfung?

Licht und Finsternis ist
Den Ursprung verkennen,
Der im Dunkeln sitzt und
Irregeleitet, sich fremd geworden,
Sein Schicksal nicht schaut.

Des Menschen Blindheit
Zur Verstockung wird.
Entscheiden kann er sich
Für das Licht, das alles aufklärt,
Für die Liebe, die verbindet.

Mein Fleisch ist nicht gefangen,
Nur schwach wird und schwächer.
Es knechtet nicht den Geist,
Sondern entfacht wie die Kerze
Am Docht das Licht.

Aus dem Sumpf

Kann nicht ziehen an dem Schopfe,
Der nicht gewachsen auf dem Kopfe,
Darunter nur die staunend Fratze,
Unterhalb des Mannes Glatze.

Ist kein Entkommen aus dem Sumpfe,
Solang noch Modder ist über dem Strumpfe.
Alleine, ohne Halt, bleibt er gefangen,
Kann ewig nicht aus dem Morast gelangen.

Auch nicht die längste Haarespracht,
Noch weniger die größte Muskelkraft
Können je noch seinen Leb befreien.
Muss sich doch noch Hilfe leihen.

Herausgezogen aus dem Gelände,
Die Füße wieder ganz behende,
Tragen ihn auf festes Land,
Zu welchem er ist hingesandt.

Nun, gern bereit, dem Freund zu danken,
Herausgeholt von all dem Kranken,
So nur kann ein Menschsein toll,
Wenn darin und um uns herum der Liebe voll.

Klein-Kinder-Toben

Mit Blick auf die kleinen Wesen,
Die durch die Wohnung pesen
Und lauter Unfug machen,
Bringen mich zum Lachen.

Ein Trippeln und ein Schaukelgang,
Zwischendurch lauter Gesang,
Führend mir Ohr und Blick
Zu mir als Mensch zurück.

Mag die Szene nicht verlassen,
Könnt manchen Spaß verpassen,
Der sich bunt hier aneinanderreiht
Und meinem Leben Schwung verleiht.

Schaue genau den Kindern zu
Sie geben lange keine Ruh.
Doch selig sind´s, die Braven,
Wenn sie endlich ruhig schlafen.

Die sich schon des Nachts mal erlauben,
Uns Alten von dem Schlaf zu rauben,
Doch wenn sie mit Appetit dann essen,
Ist alle Müh und Plag vergessen.

Und auch, wenn sie manchmal brüllen,
Damit auch stets und neu die Seele füllen.
Mit ihrem Lachen und dem Gesunden
Fühlen wir uns ihnen tief verbunden.

Immer nur Anfänge

Immer nur Anfänge.
Immer fängt
Irgendwer,
Irgendwann,
Irgendwo,
Irgendetwas an.

Wenn etwas endet,
Fällt es vor lauter Anfängen
Kaum auf.

Wahrheitsfindung

Dem Schicksal unterlegen,
Todes Unabweisbarkeit zur Qual,
Ist Wahrheitssuche vergebens,
Mit dem Tod im Rücken stets fatal!

So hat die Wahrheit für uns keinen Wert,
Noch suchend oder schon gefunden,
Wird sie immer wieder weggesperrt,
Und wir bleiben unzufriedne Kunden.

Matschgefühl (1981)

Nebel und Müdemacher
In meinem Kopf,
Mehr als ich ertragen kann.
Mein Inneres wehrt sich
Gegen die Bewusstheit,
Die alle Regungen
Zur Regelung zwingt.

Unaussprechliches weckt
Den Drang in den Menschen,
In Mythen und Symbolen
Sich zu offenbaren,
Ohne je eine Offenbarung
Werden zu können.

Kann ich nur mit mir selbst
Mich verankern, mich
Vorankommend unterhalten?
Muss ich assoziative
Abschweifungen vermeiden.

Noch vorm Verhalten ändern
Steht die Bewertung,
Einstellungen, Haltungen
Bestimmen das Weitere.
Allzu oft dadurch erklärt,
Zu definieren versucht,
Was ES nicht ist.

Widersprüchliches durch
Sprache ermöglicht.

So ist plötzlich
Ein Drittes im Spiel.

Feinde des gemeinen Deutschen

1848 Adlige und Kleriker
1871 Franzosen
1914 Wieder die Franzosen und der Rest der Welt
1918 Kommunisten und die SPD
1933 Juden und Lebensunwerte
1939 Bolschewisten und die Welt
1946 Russen
1968 Rudi Dutschke
1981 Kernkraftgegner und die Grünen
1989 Der Ossi / Der Wessi
2001 Osama Bin Laden und der Islam
2008 Banker und Putin
2015 Asylanten und Flüchtlinge
2019 Greta Thunberg
2020 Chinesen und Bill Gates

Geht's noch?

Schein der Freiheit

Auf dem Markt
Bin ich gezwungen
Waren zu wählen.
Entscheide Dich!

Werde mal übers
Ohr gehauen,
Getäuschte Augen,
An der Nase rumgeführt.

Muss mich zeigen,
Kaufkraft beweisen.
Nur auf dem Markt
Geld gegen Ware tauschen.

Wo bin ich dann
Im Strudel des Kaufens?
Das Mittel zum Zweck
Der anderen Rabauken.

Bin ich frei im Entscheiden
Zwischen Ja oder Nein?
Oder getrieben von Menge,
Von Bedürfnis und Preis?

Wohl eher im rechten Wägen,
Im begründet Nein,
Im geregelt Sein,
Alternativen lägen.

Nicht Vor- oder Nachteil
Für mich oder Dich.
So jeder ganz einsam.
Auf manch Freud verzicht.

Will nicht mehr folgen
Den Marktgesetzen.
Will mich befreien
Von des Geldes Diktaten.

Erfreuen kann nur
Die Freude der anderen
Und die Lust am Leben
Ohne stets aufzurechnen.

Schwere bekommen

Endlich die Schwere bekommen,
Die mich sanftes Fallen hoffen lässt.
Noch grübelnd, zwar verschwommen,
Des Wachens Kampf mich noch verletzt.

So helfe ich dann immer nach,
Den Wein und das Bier zu trinken,
Die noch erst anregend danach,
Bereut mich zu spät das Sinken.

Der Geist erscheint mir befreit,
Das Erleben, es verwandelt sich.
Schwankend und zu allem bereit.
Wie ein Gleiten ins Freie - fühle ich.

Die Tagesfracht hält noch zurück?
Hineinzugleiten in des Schlafes Glück?
Gewiß, ob ohne oder mit Gewicht
Die Schwere, sie kommt sicherlich.

In Büchern schwimmen

Wie unterschiedlich Gewässer,
In Büchern mal schlechter, mal besser,
Schwimme ich oben auf den Texten,
Bin der Luft zum Atmen am nächsten.

Unter mir mal klar und mal trübe,
Hab ich Grund oder werde müde?
Nach zu langem Schwimmen im See,
Wo den Grund ich nicht mehr seh.

Mit dem Lesen die Eintrittspforte,
Wie berauscht der vielen Worte,
Ins Jenseitige den Weg gefunden,
Diesseits mich umsonst geschunden.

Die abstrakt in Reihen schweben,
Mir mit Erfahrung Bildern geben,
Kann der Texte Lieder singen
Und um Sinnverstehen ringen.

In die Welten tauch ich gerne ein,
Werd dort nicht mehr einsam sein.
Kein Fluchtort sei in der täglich Lügen,
Genieße ich Satz um Satz in vollen Zügen.

Und am Ufer wieder angelangt,
Wird mir Geduld und Ruhe abverlangt,
Die ich getankt im Dichtermeere,
Zurechtzufinden, wo ich verkehre.

Corona-Zeiten

Der Mensch verurteilt zu Corona-Zeiten,
Degradiert zur potentiellen Virenschleuder,
Kann sich nicht als Mensch beweisen,
Gebiert die Schwurbler und Verleumder.

Stets beherrscht er den Nähe-Such-Instinkt,
Seiner Riech- und Fühltalente beraubt,
Zum Hören und Sehen neu verlinkt,
Scheint alle Luft vom Virus eingestaubt.

Zwanzig Zwanzig, wird uns noch erinnern,
Wie es schafft - erst die Pandemie,
Das Bruttosozialprodukt zu verringern,
Und zwingt den Sozialstaat in die Knie.

Bringt das Virus uns zum neuen Denken,
Zur Umkehr und zum rechten Staunen,
Wie das Ruder sei noch umzulenken,
Nicht folgen fürderhin der Profite Launen?

Immer weiter mehrt sich die Erkenntnis,
Dass ein Ausbruch folgenschwer bis tödlich,
Kein Wirkstoff oder Mittel wird zum Hemmnis,
Und ohne Gnade unser aller Disziplin benötigt.

Greift nicht nur an unsere Lunge und das Herz,
Es fehlt uns die Umarmung unserer Lieben.
Unserer Seele - ein zusätzlich Schmerz,
Hat die Not uns voneinander weggetrieben.

Menschen, die um Existenzen bangen,
Kinder, die der Lehrer Mimik missen,
Manche Mütter im Daheim gefangen,
Was bleibt dem Nach-Corona im Gewissen?

Dass der Mensch ein biologisch Wesen,
Für alles in der Welt ein Scheunentor?
Ob klein wie Schrift, die kaum zu lesen,
Kommt der Angriff auch im Web noch vor.

Ziehen, die uns führen, endlich ihre Schlüsse?
Dass es wie vorher so nicht weiter geht?
Übersehen sie im Rauch ihrer Beschlüsse,
Dass der Wind nun anders weht?

Schlaferwartung

Warte nur! Schon bald oder erst am Morgen
Wird – wie Tod – der Schlaf Dich überkommen.
Vom Traum, seinem Gefährten, vernommen,
Wird er Dir manch Erinnerung besorgen.

So gewiss der Mensch wohl sterblich ist,
Werden im Tode die Gefährten vermisst.
Scheinbar verwandt und doch verschieden
Wird der Tod vom Mensch gemieden.

Doch holt der Tod Dich irgendwann noch ein,
So wird der Schlaf doch Dein Begleiter sein.
Von dem Du stets noch aufgewacht,
Nicht wissen kannst, ob Dir die Sonne lacht.

Viel zu oft hast Du ruhelos gelegen,
Musstest ständig Dich bewegen.
Schließlich noch vom Schlafe eingehüllt,
Hast Du der bleiern Ruhe still gefühlt.

Nicht erzwingen kannst Deinen Schlaf.
Sein Ziel er gewiss und sicher traf.
Musst nur gelassen warten können,
Wie das Leben wird er Dir den Tod noch gönnen.

Ende der Welt

Da, wo zwischen uns ein Faden zerreißt,
Wo In-der-Weltsein Einsamkeit heißt,
Da ist uns allen das Ende der Welt
Und nicht da, wo nur herrscht das Geld.

Ein wiederkehrend Teil vom Kreislauf,
Nimmt jeder von uns mal in Kauf.
Ruft nur einer, es sei sein Wille
Nach der Beziehung folgend Stille.

Ist der Tod der anderen Schnitter,
Als einer aus dem Sturm-Gewitter.
So er Leben, Liebe, Hoffnung endet,
Sich Menschsein gänzlich abgewendet.

Von A bis Z

Von Ackermann bis Winterkorn
Findet man den Skrupellosen vorn.
Zur Spitze hoch hinauf gespült,
Wo sich´s richtig gut anfühlt.

Von Audi bis VW die Reihe reicht
Verkaufen Motoren weltenweit.
Der Käufer Lust scheinbar befriedigt
Doch drumrum, am Menschsein erniedrigt.

Ich wolltst denen da oben gerne gönnen,
Wenn sie es nicht von denen nähmen,
Die sich nicht recht wehren können
Und deren Schritte sie dann lähmen.

Werden mit Konsum und Urlaub eingelullt
Mit aller Macht zu Corona eingeschult,
Im Poltikgetriebe alles ewig weiterläuft
Keiner so begreift, was auf- und angehäuft.

In hundert Jahren Küstenstadt
Osnabrück dann einen Hafen hat.
Und der Reichen Villen mit Meer gefüllt,
Doch sie haben sich längst neu eingehüllt.

Fliegen vor der Zeit an andre Küsten,
Als wenn sie es nicht wüssten,
Dass man kann nicht entfliehn
Wo man hat im Leben nie verziehn.

Da hilft keinem Reichen sein Vermögen,
Keinem Politiker sein Bestreben
Wenn die Erde beginnt zu Beben
Und der Reiche sucht die Nadelöhren.

Der Knebel

Nicht heraus – darf er, der Schrei.
Der Welten- und Gebärenden Schmerz-
So unerträglich er eben sei,
Die Schwester damit – hinein, ohne Herz.

Zugeknebelt der Mutter Mund,
Gibt nur noch leiser Leiden kund.
Soll´s im Leben stille bleiben,
Kein Schrei am Trommelfelle reiben.

Immerfort in stillen Bahnen fahren,
Alles Leiden, Schuld im Innern wahren.
Kann nur heraus mit helfend Hand,
Den Leuten am besten völlig unerkannt.

Doch drinnen sich das Leben regt,
Will mehr sein als ein Samensproß.
Wäre gern der Welt ganz offen und begegnet.
Lasst die Hände von dem Knebel los.

Dass Schrein neues Leben stets begleite,
Aus der Enge sich der Mensch erweite.
Das Rufen zu missdeuten und noch zuzuknebeln,
Kann Mutter und Kind auseinanderhebeln.

Wort- und Bilderfluten

Hinter den Buchstaben zuletzt,
Mit den Worten hier geblieben,
Kein Mensch die Welt verlässt,
Was er Menschen aufgeschrieben.

Des Autors Fantasie die Bilder birgt,
Die im Satzgebilde sind versteckt,
Was auf den späteren Leser wirkt
Und in dem er Sinn entdeckt.

Nur das geschrieben Wort
Schreibt uns Geschichte fort.
Nur ein schreibend Wesen
Kann durch einen anderen lesen.

Erhalten wie im Bilderrahmen
Bilderfluten, die gar nie erlahmen.
Laßt Töne, Bilder, Texte regnen,
Dass wir so das Erlebte segnen!

Wie wir einst so tief empfunden
Und leckten unsere Wunden.
Wie unser Ohr mocht lauschen
Was es gab nebst all dem Rauschen.

Wie unsre Augen blinzelnd schauten,
Was wir sahn an schönen Bauten.
Wonach unsre Hände immer griffen,
Was mal grob und mal geschliffen.

Am Ende wichtig nur der Schöpfungswille,
Aufschließt, was verborgen hinter jeder Hülle.
Der darf niemals nicht erlahmen,
Sonst bleibet nur Leere in dem Rahmen.

Zumeist muss sich der Schöpfer quälen
Beim Töne, Bilder, Texte wählen.

Salutogenese (Antonowski)

Durchschauen und vorausschauen können,
also Transparenz und Nachhaltigkeit
Sinn ergeben,
also Ziele erreichen Wege gehen
Handhabbar sein,
also Selbstwirksam sein
und Einfluss nehmen können.

Nachkriegszeitenfolgen

Mein Vater, ja. Er aß wohl wie ein Schwein,
Die Kinder folgten bis heute diesen Übeln,
Und auch ich wurd gesehen, essend wie so eins,
Doch weiß mich manchmal noch zu zügeln.

Dem Vater aus dem Weltkrieg nachgejagt,
Uns Kindern beständig zum Bild gegeben.
Mutter voll der Freude, was denn jeder mag,
Stets kochend um die Antwort dann nicht verlegen.

Hat die Mutter also gut gekocht
Und ihre Männermäuler so befriedigt,
Wurde uns fortwährend eingepflockt,
Dass Essen allen Kummer rasch besieget.

Die Erfahrung alles zu verlieren und vorm Tod,
Gewachsen aus Bedrohung und der Hungersnot,
Noch gedüngt mit ungerechter Strenge,
Hat geöffnet das Tor für des Konsumes Fänge.

Mit Leistung immer weiter, immer schneller,
Ging es hinab in den Menschheitskeller.
Der Preis war nur für den Verbrauch gedacht,
Man hat nicht des wahren Werts bedacht.

Nur allweil frei musst alles bleiben.
Hauptsache war, man konnst be-treiben.
Ließ allzu vieles und alles Mögliche geschehn,
Hat im Weltgetriebe die Umständ übersehn.

Aufschwung und Erfolge wie im Rausche,
Bedenken sind nebensächliches Geplausche.
Nicht bedacht Herkunft, die Grenzen gar verleugnet,
Hat ein unwirtlich Markt Explosives uns gezeuget.

Festgefahren in diesem Taumel voller, dunkler Gassen
Gibt's scheinbar kein Zurück mehr in den Einbahnstraßen.
Nur ganz allmählich dämmert es uns allen:
Nicht erst Corona beweiset unser Fallen.

Anstatt allein im Wachstum uns Erfolge suchen
Sollten angesichts der Finanzen für uns verbuchen,
Dass ein Weniger ein Mehr sein kann auf Erden,
So wir nach Wissen streben und bescheid'ner werden.

Corona-Zeit

Augenpaare weit und breit
Sind das Zeichen dieser Zeit.
Hinter Masken atemlos
Lassen wir einander los.

Auf Abstand stets bedacht
So Wochen lang verbracht.
Kita, Schule ohne Kinder
Jeder Kneipenbesuch verhindert.

So mancher sich gedacht,
Was das mit uns Menschen macht.
Trotz der Toten, der so vielen,
Wollen alle weiterspielen.

Doch viele Menschen ohne Not
Sehn die Freiheit gar bedroht.
Egal, ob falsch, ob richtig,
Ganz andres ist hier wichtig.

Ob wir ohne Maske atmen können,
Wenn wir uns keine Auszeit gönnen
Von dem Weg, den wir beschritten
Und über den wir solange stritten.

Natur vor all den Menschenmassen,
Die den Planet´ unheilvoll erfassen,
Können wir das Unheil nur erwehren,
Wenn wir uns nicht bald bekehren.

Tao und Sisyphos

Sind nun Tao und Sisyphos
Übereingekommen.

Angefangen beim labyrinthischen
Chaos meines Denkens,
Vor dem Nichts stehend,
Erkenne ich,
Dass das Gehen des Wegs
Selbst das Ziel ist.

Unerreichbar, sinnlos und unfassbar
Das Ziel, das Gesetz or what ever.
Ist dies Gehen auf dem Weg
Das rechte Maß, das Fassbare und
Begehbare?

Schere

Eine weit geöffnete Schere
Zwischen viel verdienend und wenig
Wird irgendwann klemmen,
Und nicht mehr schneiden können.

Also nicht mehr
Tüchtig und faul
Scheiden können.

Menschen wie ich

Menschen wie ich bleiben besser allein!
Mein Enkel vielleicht: So solls nicht sein.
Ja, auch Trunkene sind ehrlich,
Aber mein Verstand, der wehrt sich.

So opferst Du Dich für mich auf,
Derart nimmt das Leben seinen Lauf.
Schon sehr frühe fehlgeleitet,
Hat sich farblos Grau in mir verbreitet.

Bin in ein Leben reingerutscht,
Das nun völlig ausgelutscht.
Bin nur auf mich selbst versessen,
Und will allen Ballast gern vergessen.

Hab ich mich an Dir vorbei gelebt?
Nicht gesehen, was zusammen uns belebt?
Wurd ich als Mensch sooft gekränkt,
Als einer, der an sich selber hängt.

All das seh und weiß ich wohl.
Bin halt ein ganz eigner Pol.
Stets in Deiner Nähe, wo Du wirkst,
Ahn ich schwach nur, was Du in Dir birgst.

Hab doch vieles hier und heut verpasst,
War gefangen im genetisch Fass.
Hab Dich im Leben mitgenommen,
Doch mein Blick blieb oft verschwommen.

Suchend - Ruf und Ehre, Weiterkommen,
Zu oft nicht Deines Rufes Stimm vernommen.
Hab Dich neben mir allein gelassen,
Allzu spät erst kann ich alles fassen.

Wo waren die Wurzeln des unfrei Lebens?
Wo war der Freiraum vor allem Geben?
Komm ich endlich an mein Ende?
Finde nicht die beschwörend Wende.

Bewunderte ich immer den Mut der andern,
Konnt ich solchem Pfade nicht nachwandern,
Diese Schwelle nicht zu übersteigen wagen,
Haltlos und geglaubt dem Hören-Sagen.

Gefangen im Selbst und allem Gewirke,
Find ich nicht hinaus zum Selbst-Bewirke.
Niemand konnte helfen mir heraus.
Muss immer weiter irren, welch ein Graus.

Lass die Zeit vorüber schreiten,
Soll es in andere Zeiten weiter reichen.
Bleib ich ein Blinder unter allem Laube,
Wohlig aufgenommen vom Sternenstaube.

Egal

Egal, wenn niemand zur Stund mein Dasein ziert.
Völlig wumpe, ob wer meine Texte lesen wird.
Sind sie mir heut Rettung und ein Zufluchtsort,
Doch Irgendwann sind auch diese Zeilen fort.

So werd ich alles vorbei gehn lassen,
Drum soll Liebe Euch niemals verlassen.
Warum hat ich nicht den Mut zu Offenheit?
Noch mehr: einladend, offenherzig und rein?

Will wohl des Morgens nicht mutlos gewesen sein!
Jetzt, des Abends und in der Rückschau allein,
Mocht mich nicht öffnen und freu mich doch so leicht,
Wenn noch dies Gedicht in Geduld verbleibt.

Den Kindern zugewandt, so klein und ungelenk,
War es am Tage oftmals mir ein Geschenk.
Sie anzuschauen war wie ein Versenken,
Werden sie, was Wert, noch weiter denken?

Wie oft kam ein Lachen, scheinbar ohne Grund,
Heraus zu mir aus ihrem kleinen Mund.
Kann gar nicht genug davon noch kriegen.
Alt und Jung können so viel Leid besiegen.

In diesen Momenten unendlich lang verweilen.
Zudem ein stetig Lesen zwischen Zeilen.
Es kann mehr als gut und gesundend sein,
Ihren Anblick zu genießen gleich gutem Wein.

All dies nehm ich beiläufig heute mit,
Bevor ein Ungeist ruft zum letzten Schritt.
Egal, ob was bleibt beim Blick zurück,
Ich war hier, das war mein Glück.

Gedichtetes

Wesentliches, Wort für Wort
Zusammengefügt,
Daraus der Dichter die Brühwürfel schafft.
Der Leser sein Wasser darauf gießt.

Aber so er nicht richtig erhitzt,
Bleibt ihm nur die trübe Brühe,
In der er nichts erkennen kann
Und die nicht schmeckt.

Vernunftwesen

Reflektier ich meine Gefühle,
Sind sie des Herzens Kernes bar,
Sind sie nicht mehr frei noch wahr.
Bin dann im Menschgewühle
Mehr nur noch Rolle als Person,
Ein karges Produkt der Edukation.

Muss halten Emotion im Zaume,
Im gesellschaftlichen Raume.
Vernunft soll über mich regieren,
Werd dabei mein Inneres verlieren.
In jüngster Zeit man sich bedeckt,
Hinter Masken sich das Ich versteckt.

Was passiert mit meinem Innenleben,
Das mir ist umsonst gegeben?
Es dringt nicht mehr in Freundes Nähe,
Die ich so gern mal öfter sähe.
Raten und, was zu sehn, dann deuten,
Was vorgeht in den andern Leuten.

Wird Schaden solch ein Leben nehmen?
Das ohne menschlich Berührung
Leicht Opfer wird der Verführung.
So wir uns nach Klarheit sehnen.
Die zu lesen wir bei unseren Lieben,
Wieder frei in ihr Gesicht geschrieben.

Selbstbestimmung

Bin ich Mensch,
Der für sich lebt, der will?
Bin privat.
Lebe auch für andere
In der Öffentlichkeit.

Ein Widerspruch
Aufgehoben
In den Normen und Institutionen.
Lebe für mich
Als freies und unfreies Wesen zugleich.

Lass mich antreiben von Bedürfnissen.
Indem ich Befriedigung will,
Bestimmt Es mich.
Glaube mich selbst zu bestimmen,
Weil ich will.

Sagt das Kind und der Privatmensch.
So ist Wille umgesetzte Freiheit.
Spontane Bedürfnisbefriedigung ist
Zügellosigkeit oder freies Tun.
Ganz sublimiert ist es
Selbstbestimmung.

Objektwerdung

Wenn ein Gefühl
Zur Sache geworden ist,
Dann ist es entweder tot,
Oder im Bewusstsein.

Es ist nicht mehr innen.
Es ist heraus,
Liegt auf dem Markt.
Zum Kaufe bereit,
Frei - gegeben
zum Verriss…

Forderung -
einer Rationalität der Selbstbeschränkung
(N. Luhmann)

Das rechte Maß hat er nicht gefunden.
Über das Geld ist alles ja verbunden.
Maßhalten ist lang schon außer Kraft gesetzt,
Weil überall und jeder auf das Wachstum setzt.

Ein Schwert mit zweierlei Ge-Schneide,
Dieweil es nicht nur Gut und Böses scheide.
So sehr der Mensch die Welt beherrscht,
Nicht sein Kopf ist, welcher über alles herrscht.

Er kann nicht mehr haften ruhigen Blicks
Am Weib und Wein, an Gesang und Geschick.
Im Sprachsalat vorangetrieben und verhext,
Sein Verstand verliert im Kampfe ganz zuletzt.

Wo noch maßvoll sein vor dem Getriebe,
Wenn er nicht kann weichen vor dem Geschiebe?
Bleibet haften an irgendeinem wertlos Augenblick,
Dem er folgt und lästert nicht weit zurück.

Wo der Mensch Gewinne machen kann,
Unterliegt er solcher Logik ohne Bann.
Verhext wie daeinst Zauberlehrlings Besen,
Kann die Welt nicht mehr am Geist genesen.

Gott schuf den Mensch erst am sechsten Tag,
Darum noch die Woche vor Adam lag,
Er schon bald mit Eva den Apfel aß,
Und am Sonntag zu ruhen vergaß.

Kenne ich

Den anderen besser als mich selbst?
Im Gespräch sehe ich sein Angesicht,
Doch meines seh ich nicht.
Schau in mich hinein wie in die Welt.

Um den andern herum kann ich spazieren,
Mich in seinen Augen auch verlieren.
Brauch für mich selbst dazu ein Foto oder Spiegel,
Sind im Augenblick nur Objekte hinter Riegel.

Hör ich vom Gegenüber die vertraute Stimme
Erschrecke ich bei meiner auf dem Tonband.
Bleibt mir nur eins, - wo ich gewinne:
Vor dem Pokerface steht er wie vor einer Wand.

Man kann nicht in andere Köpfe gucken,
Weil sie weg sich vor der Nachfrag ducken.
Vor deren Verstellung hab ich verloren.
Kann nicht trauen meinen Ohren.

Der alleinige Zugang zu meinem Innern
Erkauft mit Einsamkeit und Ungewissem,
Kann nur bleiben ohne rechtes Wissen.
Der Freunde wahre Absichten zu hindern.

Hab also von dem anderen etwas mehr,
Doch was ich seh, das täuscht mich sehr.
Warum können wir es nicht wagen,
Uns viel und mehr, ehrlich was zu sagen?

Mammon

Der Geist des Menschen noch ohne Bahre
Wird wie mit dem Geld mit Fleisch behängt.
Das zu kaufen, wie auf dem Markt als Ware,
Seines Reizes schon zu Lebzeiten versengt.

Wo Mensch sich nicht mehr sein Kern erkennt,
Bestochen vom Warenschild und die Zeit verpennt,
Stets suchend durch die Lager schlendert,
Kein Wille mehr, dass er etwas verändert.

Das Geld das reicht nicht, schreit er zurück.
Meidet er tunlichst des Bittenden Blick.
Mag nicht verzichten ob der Fleischeslust.
Er habe schon hier und jetzt genug des Frusts.

Kann nicht, will nichts mitnehmen ins Jenseits.
Verwirklicht sich wohlgen Fleisches hier im Diesseits.
Wo alles Leben nur noch Überleben oder Ware ist;
Mensch den Mensch und am End sich selbst vergisst.

Was wir für uns alle wollen oder nicht,
Es passt nicht alles ins Gedicht.
Kein Grund deswegen zu verzagen.
Trotz der Deppen sollten wir nicht versagen.

Es gibt zu allem eine Lösung
Auch vor des Fleisches Verwesung.
Entsagen wir dem Mammon,
Kommen wir davon.

Der Datenschutzmensch

Vom anderen alles wissen wollen
Und selbst nur Fassade zeigen.
Zu gern voyeuristisch Augen rollen,
Mit andern aber gar nichts teilen.

Fordert Transparenz von andern,
Will unerkannt durchs Ländle wandern,
Prangert an der Mächtigen Erlöse,
Nur sich selbst gibt er keine Blöße.

Die andern sollen gar nicht wissen,
Was sie durch ihn könnten vermissen.
Seine Daten gehen keinen etwas an.
Das gilt nun nicht für jedermann.

Doppelte Moral, die sieht er nicht,
Fällt doch gar nicht ins Gewicht.
Schaut im Fernsehen nach den Leuten
Hauptsach, man kann nichts deuten.

Am Tatort Spurensicherung, ganz klar.
Wichtig nur, dass nicht er war da.
Seine Steuertricks gehen keinen etwas an,
Gehet lieber an die Reichen ran!

Den Staat und Beamte will er durchleuchten,
Ihn selbst? Ob Beamte das wohl bräuchten?
Vor seinem Hause bleib´ man fern;
Denn solch Treiben hat er nicht so gern.

Alles soll für uns noch schneller werden;
Ein effizienter Warengang rund um die Erden.
Daten - geschickt mit Höchstgeschwindigkeit
Sein Innenleben ist dazu noch nicht bereit.

Ist für Aufklärung und weiß nichts drüber.
Meint Klarheit und nicht Mut eines Verstandes,
Mag die verdunkelt kuschlige Stube sehr viel lieber.
Nur keine Flecken auf dem Stoff seines Gewandes.

Was haben wir nur alles zu verbergen?
Wir nehmen es nicht mit in unsern Särgen.

Psychoanalyse

Wenn gesundheitsschädigendes Verhalten
verstehbar ist,
dann ist der Sinn und Herkunft
auch zu deuten.
Und gesundheitsförderndes Verhalten
wird erst vor dem Hintergrund
solcher Deutung möglich.

Sprachtexte des Dichters

Des Dichters Sprache:
Muss er seine Texte
Noch ernster nehmen
Als der Psychiater
Die Aussagen seiner Patienten?

Psyche

Ist die Seele überwältigt
Der Geist gar durcheinander,
So wird damit bestätigt
Die Trennung voneinander.

Nennen wir es Psyche,
Die empfindet oder denkt.
Sie kann erkennen Lüge
Oder ob Du bist abgelenkt.

Denken und Fühlen anders sind
Und nicht zueinander passen,
Du nicht zu Dir nach Hause findst,
Hast den sicheren Ort verlassen.

Ist verborgen alles Denken,
Doch unsere Seele will entfalten,
Zum Nächsten sich hinlenken,
Nicht Zählwerk nur verwalten.

Passen also beide nicht zusammen
Und spielen am End verrückt,
Ist solcher Zustand zu verdammen.
Denn er führet nicht zum Glück.

Meine Kindheit

Was so schön an Kindheitstagen?
Was soll ich noch heute dazu sagen?

Das Klettern an Gebäuden und in Bäumen,
Mit Freunden um die Gegend streunen.
Zum Durste löschen kalte Milch herunterstürzen,
Die Decke heben zum Geruch von Pfürzen.

Nackt bei Gewitterschauer auf dem Rasen tanzen
Und sich sommers nachts im Zelt verschanzen.
Den Hunger gar als Kohldampf spüren,
Mit Mutters Mittagessen den Magen schnüren.

Im Schrebergarten Äpfel, Birnen klauen,
Und sich so manches Abenteuer erlauben!

Ich bin okay

Ich lebe.
Ich erlebe.
Ich bin gesund.
Ich fühle mich gesund.
Ich fühle mich wohl.
Ich empfinde Wohlbefinden.
Ich bin zufrieden.

Ich fühle mich frei.
Ich habe Alternativen.
Ich finde Lösungen.
Ich unterliege keinem Zwang.

Ich bin mit mir im Reinen.
Ich kann Freude empfinden.
Ich fühle mich sicher.
Ich kann loslassen.
Alles kommt vom Ich.

Tränen für M J

Es ist schon verdammt schwer.
Dieser Mangel emotionaler Intelligenz,
Der Dich überall trifft und geht dir quer.
Kaum zu ertragen in seiner Stringenz.

Tränen immer wieder Tränen
Schießen mir in die Augen,
Wenn sie Dich erwähnen
Ich mag ihnen nicht trauen.

Vermisse ich doch so sehr
Deinen Rat, Deine Hindenke.
Fällt es mir doch so schwer,
Fühl mich wie ohne Gelenke.

Ich bin so dankbar,
Dass ich von Dir lernen konnte.
Als ich Dir noch nahe war,
Und mich in Deiner Nähe sonnte.

Du hast mir so viel mitgegeben
Und ich war aufmerksam genug,
Dass ich nun kann selbst bewegen,
Was mir hilft ohne jeden Betrug.

Wort-Impfung

Worte noch den Mensch` erreichen,
Damit er reichlich Impfstoff in sich trage,
Sich wehren kann und nicht klage,
Wird nicht von dem Freunde weichen,
Vielmehr ihm die Hände reichen,
So er zurechtkommt alle Tage.
Die der Worte sind empfänglich,
Können Licht und Wärme teilen,
Getrost auch in Finsternis verweilen,
Ihr Geist bleibt immer überschwänglich.

Wird ihr Innerstes durchs Wort erreicht,
Fällt das Lieben ihnen leicht,
Kann kein Unglück sie zerstören,
Nicht einmal, wenn sie verlören,
Verlieren sie den leitend Faden,
Nur die Welt um uns nimmt Schaden.
Sie hingegen nehmen den Faden auf,
Bieten Unermessliches zum Kauf,
Was nicht kann den Wert ersetzen,
Den sie finden in den zahlreich Sätzen.

Ja — es bleibet nur zum Rest,
Was sich stets hingebend zersetzt.

Trampeltier

Der Trump, der Trump, das Trampeltier,
Er kam zu Geld durch seine Gier.
Ihm ist auch vieles zugefallen.
Das kann dem Bürger schon mal mißfallen.
Ohne Herz, Verstand und ohne Bildung,
Stampft er rücksichtlos in jede Sendung.
Alles auf der Welt sei nur ein Deal,
Verfehlt er glatt das Klimaziel.

Mit dem Finger an dem roten Knopf
Packt er die Menschen erst am Schopf,
Sie schüttelnd bis sie alle glauben,
Die Welt müsse man berauben.
Jeden Morgen mit viel Geföhn
Macht er sich die Haare schön.
Fasst nicht nur der Melania unter den Rock
Für die Wähler gar kein Grund zum Schock.

Dem Juden und dem Araber ergeben,
Will er nicht nur den Iran erlegen.
Wer nicht nach seiner Pfeife tanzt,
Wird zunächst einmal verwanzt,
Dann durch Zölle kaltgestellt,
Bis der Feind sich ihm hat zugesellt.
Wenn der Globus nicht mehr atmen kann,
War es stets ein anderer Mann.

Erpressung, Bestechung zur Norm erklärt,
Fake news werden passend eingefärbt,
So dass niemand mehr kann sagen
Und wird es kaum mehr wagen,
Was wahr, was klug, was weise,
Uns sollt eigentlich begleiten auf der Reise.
Von Trug und Täuschung ganz verdorben,
Ist alle Menschlichkeit gestorben.

Das Zusammenleben vollkommen vergiftet,
Fühlt niemand sich zu mehr verpflichtet,
Vor lauter GeDeal einander zu vertrauen,
Man sonst von Deales-Helfern wird verhauen.
Zuerst des Egomanen Taschen vollgestopft,
And first der Nachwelt Schaden aufgepropft.
Und das große Ganze nicht mehr im Blick,
Gibt es bald keine Wege mehr zurück.

Bleibt den Wissenden nur zu vermuten,
Die Erde wird versinken in den Fluten.

Vor dem Gesetz

Vor dem Gesetz
Sind alle Menschen gleich.
Nicht sie sind gleich, sondern für das Gesetz
Sind sie alle gleich.

Wem das Gesetz gerecht wird,
Ist eine andere, schwere Frage.
Es kann dem Menschen nicht gerecht werden.
Weil Gesetze Menschenmeinung sind.

Bleiben sie doch Interpretationen dessen,
Was gerecht sein soll.
Es gleicht einer Beschreibung dessen,
Was der Mensch niemals erreichen kann.

Man kann nicht ins Gesetz gehen,
Man bleibt stets davor.
Nur in Häuser, durch Türen hindurch
Oder ins Nirvana kommt man weiter.

Man auch nicht in den Tod hinein gehen.
Man bleibt stets lebend davor.
Verharrt in Deutung und Spekulation.
Schafft sich das Bild und eine Vorstellung dazu.

Nähert sich an und schaut zurück.
Bereit manchmal für einen Sprung.
In den Glauben, das Wissen verlassend
Entsprichts dem Zustand vor dem Suizid.

Der Fragende, der Suchende, der Mensch,
Er weiß vielleicht viel
Und am Ende doch nichts darüber,
Worüber er gern alles wüsste.

Glauben und Kredit

Gebe ich Kredit,
Gehe ich in Vorleistung
Und erwarte Gegenleistung.

Kann nicht mir sicher sein,
Dass ich dafür zurückbekomme.
Kann – wie bei der Menschen Sagen -
Nur darauf vertrauen.

Kann nur glauben – wie beim Kredit -,
Dass mir zurückbezahlt,
Was ich erhoffe.

Wird die Hoffnung enttäuscht,
Hab ich nichts verloren;
Denn was bedürfen schon die Toten?
Nichts!

Was ist Teufel?

Der Durcheinanderwerfer,
Der Täuscher, der Irreführer.
Der, was nicht passt, einfach leugnet.
Der nur bei sich und nicht in der Welt ist.

Wie das mystische Jenseits
Nicht ein Irrationales ist,
So ist das Irrationale nicht Unvernunft,
Sondern ein anderer Zugang zum Sein.

Was machbar und sagbar,
Das soll uns leiten und
Dennoch wirkt das Unsagbare
Ins Leben hinein.

So lässt sich Liebe und Schönheit
Nicht sagen; nur zeigen.
Lässt sich das Wahre und Gute
Nicht beweisen, nur erweisen.

Zur Ruhe gelangt,
Mit dem Einssein verwandt,
Kann nur erreichen, wer nichts fassen,
Wer nichts mehr sagen kann.

Die Tat hat keinen Anfang;
Sie erhält ihn erst durch das Wort.
Was uns zur Sünde verleitet,
Ist das Wort, das Lüge verbreitet.

Der Sinn

Der Sinn, der über allem steht,
Er ist nur in all dem zu erschließen,
Ohne den Antworten zu folgen,
Die hinter den Grenzen der Erkenntnis liegen.

Das Unbeantwortbare aushalten
Und nicht in den Glauben springen,
Ist die Herausforderung an den Menschen
Und zeichnet den Weisen aus.

Wir können immer wieder fühlen,
Dass selbst wenn alle Fragen beantwortet wären,
Die Probleme unseres Zusammenlebens
Noch gar nicht berührt wurden.

Dieses Fühlen ist wohl irgendwie messbar,
Erreicht es mit Benennung das Gefühlte nicht.
Bleibt meines dem anderen, und dem anderen
Meines hinter dem Ausdruck stets verborgen.

Diesseits

Kann nur fassen,
Was innerhalb der Welt.
Kann nur greifen,
Was liegt in mir selbst.

Außerhalb ich nur raten kann.
Mich auch mal verirren kann.
Bin in die Welt geboren;
Daraußen ganz verloren.

Drum suche ich
Im Hier und Jetzt
Nach Sinn und Wahrheit
Hoffentlich bis ganz zuletzt.

Wo man trennen könnte

(Pfeile zeichnen!)

Rationalität			Irrationalität	
	Anti-rational		a-rational	
		a-logisch	mystisch	

Klarheit	Verwirrung		Grenzerfahrung			
Wissen	Erkennen	Verstehen	Glauben		Erleben	
Vernunft				Böses	Schweigen	
Sagbar		Schein und Lüge			Unsagbar	

Die Verkopfung

Was umgibt unseren Kopf?
Was täglich ihn so affiziert?
Das Fühlen unten gern ignoriert.
Der Kopf vom Bauch betropft.

Er leugnet seine Basis,
Da er alles regelt, was so ist.
Der Bauch sei zu gefräßig.
Drum liebt er's leis und mäßig.

Der Fisch, er stinkt vom Kopf.
Dieser Spruch, der hat ein'n Zopf.
Doch sollte man bedenken,
Von wo die Menschen lenken!

Unverschlossene Welt

Nichts ist uns verschlossen.
Und doch reichen die Schlüssel nicht.
Die letzte Tür war doch noch nicht die letzte.
Jedes Überschreiten erweist sich als Welt.

Jedes Teil bleibt im Ganzen.
So ist alles offen und -
Geschlossen zugleich.
Und alles fällt derart zusammen.

Abgebrannt

Wie Öltropfen im Wasser schwimmen,
Müde der vielen verbrauchten Formen,
Ist Schweigen der Weg zum Erwachen
Im alles überflutendem Sonnenlicht.

Entzündet als Fackel auf dem Wasser
Erleuchtet meine Seele nur kurz das Dunkel
Erlösche und schlafe, ein Schrei im Traume,
Sich nicht zu dieser Welt noch wenden kann.

Nicht Vernunft mehr beherrschet die Welt,
Nicht aufzuhalten Ihre Ausgeburt, die List,
Alle Wasser vorbei an mir zu durchschlängeln.
An und mit ihr lebt und krankt der Geist.

Bin nicht nur einmal da hindurch gerannt,
Mein Fackellicht zu kurz - und abgebrannt.

Die Kraft zum Steuern

Woher ich getrieben
Dagegen gibts kein Wehren.
Wohin ich steuern will,
Das kann ich bestimmen.

Sogar gegen den Strom schwimmen
Bis meine Kräfte erlahmen.
Will ich leben, will ich gerecht sein,
Muss steuern mit Strömung und Wind.

Mal sehen?

J3 –
Jurist, Arzt, Naturwissenschaftler, Musiker;
akustisch-kinästhetisch
J2 –
Chefkoch, Handwerker, Künstler, Stunt-Man;
olfaktorisch-kinästhetisch
J1 –
Regisseur, Politiker, Schriftsteller, Schauspieler;
optisch-kinästhetisch

Mitten in der Nacht

Noch grübelnd, was Du machst,
Wünsche ich, Du rufst mich an.
Vor Deinem Bilde stehe ich gebannt,
Das alles: leise - mitten in der Nacht.

Kann nicht lassen von Gedanken,
Die immer aufs Neue bei Dir tanken.
Weiß nicht, was da drinnen treibt
Und Dir meine tiefe Liebe leiht.

Erst gestern warst Du zu Besuch,
Kriegten voneinander nicht genug.
Heut Nacht ich nach Dir schmachte,
Jede Minute, die ich Dein bedachte.

Endlich in den Schlaf gefunden,
Deine Schönheit so ganz unumwunden,
Mich sehnt zu intimen Nahesein
Gar fürchtend, du sagest: Nein.

Aus tiefem Schlafe aufgewacht,
Verfolgt von fliehend Traumesbild.
Schuldig worden und verlacht,
Noch nicht wissend, was jetzt gilt.

Ballastig tragend Gefühl von Schuld,
Mein Tag anbricht voll Ungeduld,
Bald ich nicht mehr spüre diese Last,
Die mir Morpheus hat verpasst.

Da kommst Du freudig angerannt,
So dass ich kann fallen lassen,
Was sich in mir angespannt,
Kann Dich wahrhaftig nun umfassen.

Aufmerksamkeit

Augenkontakt und Händedruck
Wie Medizin in einem Schluck
Als wortlose Aufmerksamkeit gereicht,
Sind Stützen, die jede Seel erreicht.

Auf Worte indes ist kein Verlassen,
Denn sehr gern sie ihr Ziel verpassen,
Können Pflicht und Täuschung sein,
Gar mancher schon fiel grob herein.

Gesprochen Dank und Lob dem Kind,
Schall und heischend Bekundung sind.
Auch tröstend Wort und Unterweisung
Am Ende fordern nach der Gegenleistung.

Alle Welt nur mit sich selbst befasst,
Den Weg zum andern dabei verpasst.
Das Gefühl allein, dass jemand da ist,
Bricht das Eis, das uns sonst frisst.

Gedanken

Tagebuch vom 13. 10. 1981

Die von einer auf Konkurrenz und Leistung eingeschworene Gesellschaft generierten Widersprüche bleiben dem Bürger ein ewiges Rätsel, das nicht lösbar erscheint.

Die negativen Auswirkungen von Leistung und Wachstum gelten als unvermeidlich und werden entsprechend als notwendiges Übel hingenommen und rationalisiert.

Die Widersprüche verflechten sich in Sprache und Denken der Menschen zum unentwirrbaren Knäuel, zum ausweglosen Labyrinth und sie trüben den Blick auf die wahren Ursachen des Widersprüchlichen. Klarheit, Transparenz und soziale Gerechtigkeit werden zum Geheimnis wie zu einem erhofften Jenseits und Irgendwann. Hier liegt die Quelle zum Glauben und zum Nicht-Wissen.

Corona-Wünsche

Was ich mir als Lehren aus der Corona-Krise für die Zukunft wünsche:

1. Dass die Menschen endlich erkennen, dass ungezügeltes Wirtschaftswachstum unsere Menschheit nur weiter ins Verderben führt und dass es nur bedeutet, immer mehr völlig nutzlos und dazu schädigend über den notwendigen Bedarf hinaus zu konsumieren;

    dass also unsere Lebensziele neu hinterfragt werden sollten. (Keine unnötigen Flüge und Kreuzfahrten, keine SUVs, keine unnötigen Transporte, Urlaub machen in Deutschland, weniger Fleischkonsum, kein Import von Soja aus Übersee, etc. und eine CO_2-Steuer)

    Dass die Menschen, ich meine die Politiker, endlich verstehen, dass der Markt (das Zusammenleben unter Menschen und die gerechte Verteilung eben) nicht alles regelt.

    Regeln machen Menschen. Markt ist nur blinder Austausch, der der Beobachtung und Steuerung bedarf!

2. Dass bei aller Liebe zu offenen Grenzen und freiem Handel angesichts immer wieder auftreten könnender Pandemien geklärt werden muss, welche Dinge bei uns im eigenen Land produziert und vorgehalten werden müssen. Dazu zählen neben den Grundnahrungsmitteln vor allem Medikamente und Medizinprodukte.

3. Die Anzahl der Krankenhausbetten beispielsweise darf nicht weiter (aus wirtschaftlichen Gründen) heruntergefahren werden.

4. Für den Pflegeberuf müssen bessere Rahmenbedingungen, vor allem mehr bezahlte Stellen, geschaffen werden!

5. Damit die Menschen die dann teureren lebensnotwendigen Mittel auch bezahlen können, muss in unteren und mittleren Einkommensschichten ein höherer Lohn gezahlt werden. Durch eine Begrenzung der Renditen für Unternehmen und eine deutlich höhere Besteuerung der reichen Menschen (obere 10 %) könnten diese Einkünfte gegenfinanziert werden.

6. Um Krisen (wie Corona) besser abfedern zu können und Armut effektiver bekämpfen zu können und der zuneh menden Digitalisierung und Maschinisierung und dem daraus folgenden Anstieg der Arbeitslosigkeit besser begegnen zu können, sollte eine Finanztransaktionssteuer geschaffen werden, aus deren Einnahmen ein bedingungsloses Grundeinkommen von ca. 1000,- € für jeden Bürger finanziert werden. (D.h. dass Hartz IV, Kindergeld, Bafög, etc. abgeschafft werden könnten.)

7. Eine maximale Höchstarbeitszeit von sechs Stunden täglich in körperlich wie seelisch anstrengenden Berufen, bzw. 30 Stunden wöchentlich!

8. Eine deutlich höhere Anerkennung (Wertschätzung und Entlohnung) solcher Berufe, die systemrelevant oder fundamental sind, solcher Berufe vor allen Dingen, die nicht durch Maschinen, Roboter oder Digitalisierung ersetzbar sind wie -

Lehrer, Erzieher, Ärzte, Pflegekräfte, Handwerker, Polizisten, Feuerwehrleute, Landwirte, Reinigungskräfte, etc.(Fernfahrer und Kassier*innen ebenfalls, wobei deren Berufe wahrscheinlich in einigen Jahrzehnten durch Maschinen und von Robotern ersetzt werden.)

9. Abschaffung des Bargelds (Pandemieprophylaxe)

10. Verbot von Hedgefonds

11. Höhere Besteuerung von Aktienbesitz.

12. Ein andersartiges Bildungswesen, das stärker die digitalen Medien nutzt - und vor allem - Dinge wie Gesund heit, Lebenspraxis, Kunst, Musik, Sport und Kommu nikation fördert, eine bundeseinheitliche Schulbildung bis zum Abitur, die die Menschen ausbildet in Richtung, Problemlösung, Kreativität und Teamfähigkeit.

13. Förderung von Kulturschaffenden.

14. Einführung eines sozialen Pflichtjahres für alle 18 bis 25-Jährigen.

15. Ausbau und Förderung des öffentlichen Nahverkehrs, insbesondere des Fahrradverkehrs.

16. Keine weitere Privatisierung von Branchen, im Gegen teil. Einige Branchen und Dinge des täglichen Bedarfs und der Gesundheitsfürsorge gehören nicht in die Hand von Renditejägern.

17. Ein Verbot oder zumindest eine deutliche Einschrän kung von Werbung für Konsumgütern in den Medien.

18.   Verbot von Produktion und Export von Waffen.

19.   Und vieles mehr!

Verstehen ist hypothetisch

Prinzipiell ist von Menschen Geäußertes nachvollziehbar, verstehbar. Es muss nur stets von dem Rezipienten (einem anderen Menschen, der zuhört, liest, sieht…) interpretiert werden.

Also alles, was irgendwie „Text" ist. Mimik, Gestik, Skulptur, Malerei, Tanz und Körpersprache als analoge Ausdrucksformen ebenso wie digitale Sprachmitteilungen, kann von jemanden, der es sieht, hört oder spürt, über-setzt werden. Und so wie es verschiedene Sprachen gibt, gibt es unterschiedliche Ausdrucksformen und Zuschreibungen.

Hinter allem Verstehen lauert die eigne Geschichte, die persönliche Biografie und das, was sich an Erfahrung und Kompetenz aus den eigenen Talenten entwickelt hat. Wir bleiben stets die Übersetzer der uns affizierenden Botschaften und manchmal stellen wir Hypothesen auf, weil die Leerstellen des Textes der aktiven Füllung bedürfen, um (für uns) Sinn zu ergeben.

Wir helfen uns meist mit Analogien oder füllen die Leerstellen, wie bei fehlenden Puzzle-Teilen mit Eigenem also Erfahrungsbildern, Erinnertem, usw., so dass es ein passendes Bild ergibt. Das Bild muss nicht identisch, aber stimmig sein. Das ist dann Verstehensarbeit.

Aber auch ein scheinbar stimmiges Bild kann fehlerhaft sein. Das können wir dann Missverständnis oder widerlegte Verstehenshypothese nennen.

Je breiter und tiefer unsere Kompetenzen und unser Wissen über den, der den „Text" erstellt hat, desto genauer nähern wir uns der Kernaussage, bzw. der Intention des Ursprungstextes, desto unwahrscheinlicher wird die Möglichkeit, dass die Verstehenshy-

pothese verworfen, beziehungsweise korrigiert werden muss.
So ist denn alles Verstehen ein Bemühen um Sinn und ein Zurückgreifen auf Wissen und Kompetenz. Damit solche Kompetenz wirken kann, braucht es nicht zwangsläufig des Wissens um die Regeln, derer der Sender folgt.

Eine lange Erfahrung kann Intuition ausbilden. Wenn es aber darum geht, die Korrektheit der Interpretation zu belegen, braucht es Begründungen, die in der Regel nicht ohne die Analyse und Darlegung der Regeln auskommt.

Ich verstehe vielleicht intuitiv, was ein anderer meint oder mit seinem „Text" sagen oder ausdrücken will, weil ich seine Erfahrungswelt weitestgehend teilen kann, oder weil ich einfach viel weiß, was ihn betrifft. Aber wenn ich von Dritten aufgefordert werde, den „Text" zu übersetzen, gilt es auch die Regeln des Senders und / oder des Deuters darzulegen, sonst bleibt alles nebulös, also ohne wirklichen (wirkenden) Erkenntnisfortschritt.

Thesen zum real existierenden Christentum

<u>Prolog:</u>
Ich habe sogar mal ein paar Semester Theologie studiert. Als Kenner des historischen Erbes des Christentums und in Folge der realen Begegnung mit deren Vertretern – auch der evangelischen Kirche - bin ich 2017 aus der Kirche ausgetreten.

1. Die Vertreter dieser Glaubensrichtung haben nicht verstanden, was da in den Bibeltexten ÜBERLIEFERT wurde.

2. Ein Glauben im Sinne von Hoffnung und Liebe ist, was jenseits von Gewissheit und Wissen Menschsein bereichert.

3. Aber ein Glauben, der sich über Wissen hinwegsetzt und Dinge behauptet wider jegliche Vernunft, ist eben Betrug an den Menschen und letztlich auch Selbstbetrug.

4. Zwar gibt es immer wieder beeindruckende Exegesen in Predigttexten und Dichtung, aber bei Betrachtung der politischen Stellungnahmen von deren Vertretern entlarvt sich dem Kenner ein tiefgreifender Wider spruch.

5. Die Eleven der christlich(-evangelisch)en Tradition haben nur noch weiter dazu beigetragen unsere SCHÖPFUNG zu verraten.

6. Sie begleiten und legitimieren Krieg und Zerstörung der Umwelt, verletzen viel zu oft den Wahrheitsgehalt ihrer Schriften.

7. Besonders deutlich wird das Ganze im sozialen Bereich. Diakonie und Caritas und auch AWO und DRK, sie sind nur Handlanger eines kapitalistischen Systems, das ihren neuen Gott unter anderem im Markt und Wachstum gefunden zu haben glaubt.

8. Diese neue Religion hat das Christentun längst überholt: Wachstum, Effizienz, Nutzen und ein freier Markt, der alles (nicht GOTT!) regelt.

9. Die Menschen werden allein gelassen und nur noch palliativ von den Hörigen der Glaubensgemeinschaft im Sinne solchen Systems mitversorgt.

10. Und zumindest in Deutschland rast eine absolute Pflege-Katastrophe auf uns zu. Der Point–of-no-return wurde bereits vor Jahren überschritten und niemand hat es be merkt.

11. Umkehr und Protest von Grund auf, unermüdliche AUFKLÄRUNG gegen ein System, das genau das verhindert, was die Kernbotschaften der Bibel ausmachen, sind angesagt.

12. Aber sie haben keine Chance, weil der neue Glaube bereits so stark wirkt, dass ein Verlassen dieses Pfades nicht mehr möglich scheint.

13. Nicht allein die Klimakatastrophe, sondern die menschliche Katastrophe im Gewand des Neoliberalismus an vorderster Front, an der die Religionen nachhaltig mit gestrickt haben, wird alle die Ethiken des Christentums vor und nach der Aufklärung ad absurdum führen.

Sisyphos

Sisyphos kommt niemals an, erreicht nie sein Ziel
und erkennt, dass Weg und Ziel als Tao eines sind.
Er kommt zu sich selbst und sieht in seinem Tun den
Einklang des Unendlichen hervorscheinen. Die Moti-
vation zum Weitermachen, zum reinen Tun, wird nicht
durch das Ziel erhalten, sondern durch die Kraft, die
durch die Einsicht in die Sinnlosigkeit des Tuns losge-
brochen wird. Nicht etwa als Wut, Empörung. Nein,
darüber ist er längst hinaus! Es hat sich in ihm die
Gelassenheit des Revoltierenden eingenistet, dessen
Revolte selbst Sinn ist.

Aufbegehren gegen Ungerechtigkeit, aber auch Freu-
de am Bewegen, die Bewegung schließlich selbst, das
Werden, werden zu Triebfedern seines Willens. Dieser
Wille, die Einsicht in dessen Blindheit, halten ihn auf
den Weg. Immer wieder scheitert er, fängt von vorne
an, wie der Sportler beim Training. Dass er wieder
in Gang kommt, wider Willen hat, das mag der eine
Hoffnung nennen, für den anderen ist dieses „Willen
haben" Tao.

Dabei meint man „etwas" zu wollen. Und wenn wir
dieses „Etwas" analysieren, dann sehen wir, dass sein
Ende (Ziel) dasselbe ist wie der Anfang (Wille). Der
Orgasmus ist nicht das Ziel, sondern der Weg dorthin.
Alle Dinge haben zwei Seiten und die gehören zusam-
men, um zum Ding zu werden.

Anders Nein sagen können

Welchen Sinn macht Pflege, wenn für den betrof-
fenen Menschen Sucht und/oder Krankheit der
wichtigste Ausdruck von Verweigerung ist und
möglicherweise den einzig gangbaren Fluchtweg
darstellt?

Eine Verweigerung nämlich, die verstehbar ist als
eine wesentliche Reaktionsmöglichkeit auf unzu-
reichende oder ungerechte Lebensbedingungen.

Vielleicht ist die Sucht oder Krankheit der einzig
gangbare Ausweg aus solchen Konfliktlagen oder
einer Doppelbindung!

Kein Zurück mehr

Der „point of no return" ist überschritten, der Zeitpunkt, ab dem es kein Zurück mehr gibt.

Dem Sog des abfließenden Stroms können wir uns nicht mehr entziehen. Noch ist das Boot zu sehen, das da im Strudel schlingert, aber bald wird es untergehen, an Felsen zerschellen und seine einzelnen Teile werden im Beifang der Geschichte gesammelt.

Und noch immer glauben es die Politiker nicht, noch immer streiten sich die Gelehrten und noch immer driften die Meinungen auseinander und Einigung ist nicht in Sicht. Vielleicht war das Vorbehalten eines Pflegebonus in Corona-Zeiten der letzte Stich, der die Luft zum Ablassen bringt.

Spätestens in fünf, vielleicht zehn Jahren wird es nicht nur in der Altenpflege, sondern auch in den Krankenhäusern nicht die Anzahl an Pflegefachkräften geben, die eigentlich und angesichts des demografischen Wandels gebraucht werden. Den Sog durch die demografische Entwicklung werden alle denkbaren Anstrengungen nicht widerstehen können, es wird mehr Pflegebedarf geben, als unsere Gesellschaft durch manpower oder Technologie ausgleichen kann.

Die Katastrophe ist nicht mehr aufzuhalten! Da ist es auch egal, wenn andere Mehrheiten gewählt werden. Jede zukünftige Regierung wird daran scheitern, weil JETZT der Punkt zu Rettung überschritten ist.

Und die Menschen werden kein Heim finden, Pandemien werden zur Auswahl (Triage) zwingen, keine helfende Hand, die weiß, was sie tut. Das Problem wird auf die Nachfahren abgewälzt. Meine Kinder werden, wenn ich krank oder pflegebedürftig werde, meine Pflege - nicht organisieren -, sondern übernehmen müssen.

Wohl dem, der Kinder hat!
Wohl dem, der Kinder hat, die das können!
Wohl dem, der Kinder hat, die das wollen!
Wohl dem, der Kinder hat, die sich das leisten können!

Zuerst wird Ohnmacht sein, dann Empörung und Wut und am Ende werden sie entscheiden müssen. Diese Kinder und Enkelkinder, die Generationen nach uns, werden vielleicht sagen: Ihr habt selbst schuld und lastet uns nun eure Versäumnisse an, bürdet uns alle Lasten auf! Warum habt ihr so gewählt (afd, FDP, CDU)? Wir werden sagen, die andern hättens nicht besser gemacht! Und beide haben Recht!

Warum habt ihr am Balkon geklatscht und euch nicht empört, dass nicht (sofort!) mehr geschieht? Die Presse hat berichtet und ihr seid stumm geblieben.

Nur einen werdet ihr euch vorknöpfen müssen: Die Pflege selbst nämlich: Zerstritten, uneinig, zänkisch und stets auf der Flucht! Sie hätten ihre Kammern aufbauen, sich in Gewerkschaften organisieren müssen, noch mehr: ihre Vorgesetzten hätten ihre Mitarbeiter zum Protest und Arbeitsverzicht (Ich spreche nicht mal von Streik!) aufrufen, auf die Straße gehen müssen, massenhaft! Nur sie selbst hätten sich retten können, durch Aufklärung und Solidarität, stattdessen scheuten sie vor der Entscheidung und flohen aus dem Beruf!

Aber selbst diese wirklich Schuldigen gibt es um 2035 herum nicht mehr. Jetzt noch: Keifen rum, kommentieren wild bei twitter und co, lästern gegen Kammer und bejammern die Beiträge für die Gewerkschaft, sagen „die Politik lässt uns im Stich". Nein, sie haben sich selbst im Stich gelassen!

Und unsere Enkel und unsere Kinder, (wenn sie denn Eltern haben!), stehen 2040 vor der Entscheidung: Armut, Verzicht und Mühsal oder - Euthanasie. Die Alten werden nach dem Letztgenannten oft verlangen. Die moralische nach der politischen und ökonomischen Katastrophe nimmt ihren Lauf.

Wohl dem, der genug hat!
Genug des Giftes für eine Befreiung von Qual und Not.

In Böllerhaft (25.11.2020)

Wie soll ich das nun verstehen?
Die Politik will das Böllern zu Silvester 2020 zulassen!

Gegen alle Vernunft. Schon seit Jahren mehren sich die Bedenken:
Tiere, Umwelt, Klima, Verletzungen, Belästigung anderer – alles KEINE Argumente?
Stecken wieder mal Lobbyisten dahinter; Motto: das Produktionsverbot gefährde Arbeitsplätze?
Ist Arbeitsplatzerhaltung ein weiteres Totschlagargument der Konservativen? Das Feigenblatt vor der Verantwortung der Politiker?

Und nun wäre „Corona" die Gelegenheit, Vernunft -garniert mit weiteren Gründen - walten zu lassen. Mehrheiten fände sie dazu.
Ja! Vernunft gegen den Willen einer Minderheit derer, die ganz frei, einfach nur böllern und Spaß haben wollen.
(Ähnlichen Spaß, wie die, die zum Spaß demonstrieren und sich als ungeheuer mutig hinstellen, weil sie keine Maske tragen und noch glauben, sie seien eine Widerstandsbewegung wie zu NAZI-Zeiten?)
Sie haben Spaß auf Kosten aller, eben nicht nur der anderen, der Mehrheit, sondern auch auf Kosten ihrer selbst.
Gesundheit und Zukunft – alles nur Propaganda (der Linken)?

Aber unsere wankelmütigen Politiker sinngemäß: Man lasse es an manchen Stellen zu und appelliere an die Vernunft der Bürger.
Wie immer! Der neoliberale Geist, der einzig darauf setzt, dass der Mensch im Sinne von Marktgeschehen der Vernunft schon zum Durchbruch verhelfen werde. Sie können hinterher sagen: Wir waren nicht fürs Böllern, sondern haben es dem Bürger (Einzahl!) überlassen.

Fehlt noch: Wir sind keine Verbotspartei!

Mann - das ist keine Sache der Mehrheitsabstimmung vor der Wahl, sondern NACH der Wahl.
Ich persönlich erwarte vom Staat und seiner Organe (Legislative, Exekutive) Schutz, Sicherheit, Zukunft. Ist also das Ganze sozusagen ein „Hände in Unschuld Waschen"?
Wenn nämlich über Silvester wieder Umwelt, Tiere, und vielfältige Verletzungen und Brände folgen und Polizei, Feuerwehr und Pflegekräfte gebunden werden, dann ist es ja der Bürger (Einzahl!) – nicht der Politiker – der seine Verantwortung nicht wahrzunehmen wisse.

Und darüber hinaus steigt so nebenbei mal eben noch die Infektionsrate? Ist da wirklich der Bürger, wer immer das ist, schuld oder der Politiker?

Nein! Nein! Nein! Sage ich.
Es gibt immer Menschen, die wider jede Vernunft handeln und nicht wissen wollen, wo ihre Verantwortung ist. Die sind nicht zu belehren, die kaufen den Böller-Scheiß, die leben nach der Devise: Gelegenheit macht Diebe und nach uns die Sintflut. Das wissen die Politiker und handeln vor den Bürgern wider alle Vernunft!
Vor diesen Spaß(machern)habern und Unbelehrbaren muss uns doch alle, wenn ich den Wissenschaften folge, der Staat schützen. Dieser Aufgabe verweigert er sich aber mit Entschlusslosigkeit.

Und es gibt diejenigen, die zwar die Argumente kennen und würdigen, aber sagen: „Ich möchte nur einmal im Jahr unvernünftig sein. Wenn Leute jeden Tag für Kurzstrecken den SUV anschmeißen, sich für die Nummer noch einen Zweitwagen gönnen, und das ganze Jahr durchs Leben hetzen, das ist schlimmer." Und so verlaufen Diskussionen dann immer, man verweist auf die Ausnahme oder den Einzelfall, oder lenkt ab von sich auf andere, die es ja noch schlimmer treiben. „Der Chinese verballert viel mehr CO2, da sind wir Deutschen harmlos." Berechtigt das zum Weiter so?

Und dann noch das: „Du hast früher auch deine Zissemännchen verballert." Ablenkung von sich und seiner Verantwortung, schlechtes Gewissen auch für Dich!

Oder folgendes Argument dieser Politiker: (die ich eigentlich gewählt habe, damit sie dafür sorgen, dass unsere Zukunft gerechter wird und die Erde nicht den Bach runter geht,) das Argument (?) nämlich, dass man es eh nicht verhindern könne und unnötig Polizei binde, das Ganze sei nicht zu kontrollieren.

Und ich frage mich, warum wähle ich dann die Leute, die nicht dafür sorgen, dass Deppen in die Schranken gewiesen werden, dass der Dreck einfach nicht produziert, aus China importiert, oder verkauft wird. Da könnte schon Kontrolle im Vorfeld stattfinden; aber das ist ja gleich wieder Planwirtschaft und Sozialismus. Ich bin diesen Totschlag-Scheiß so leid!

Es ist wie bei den Coronamaßnahmen, es gibt die Vernünftigen, die selbst in der Lage sind, die Situation zu erfassen und sich entsprechend zu verhalten und die weniger Begabten.

Und dabei könnten unsere Politiker doch Marktregeln anwenden und würden nicht mal verbieten: Den Müll mit einer utopischen Steuer zu belegen, dann hat "der Bürger" zwar weiter die Möglichkeit diesen zu erwerben, dann aber zu einem derart unattraktiven Preis, dass sich das über den Geldbeutel reguliert. Die zusätzlichen Steuereinnahmen sollten dann dafür aufgewendet werden, die unfähigen Knallköpfe wieder zusammenzuflicken, nachdem sie sich selbst abgeschossen haben, und auch die Straßen am Neujahrstag reinigen zu lassen. Somit müssen diese Kosten wenigs tens nicht von der Allgemeinheit getragen werden. So gesehen hat also der (hier konservative und neoliberale und liberale) Politiker noch mehr Möglichkeiten und - nutzt sie nicht! Das macht das Ganze noch gruseliger.

Im Tarnmantel ins Nachleben und zurück
– eine märchenhaft-utopische Erzählung

Ich möchte von dieser einen – der Anderen - Welt erzählen. Sie ist wirklich eine Er-Fahrung wert.

Aber leider er-fährt sie scheinbar niemand.
Doch es gab ein Schlupfloch.
Dort schlüpfte ich hindurch und kam einerseits ernüchtert andererseits voller Hoffnung zurück.

Diese – unsrige - Welt ist uns bereits, wenn nicht vertraut, so doch bekannt. Wir sind in ihr eingerichtet. Aber dorthin zu gelangen, wo bestenfalls und ansatzweise vielleicht der Philosoph John Rawls mittels eines Gedankenexperimentes gelangte, ist schon etwas ausgesprochen Wunderbares.

Stellen Sie sich vor, Sie seien in einen Rat berufen worden, der die Regeln und Gesetze der zukünftigen, möglichst gerechten Gesellschaft bestimmen soll. Ist so etwas überhaupt vorstellbar in unseren Zeiten? Nun, stellen Sie sich es dennoch vor! Insbesondere die Ökonomie und Ökologie soll dabei eine zentrale Rolle spielen. Dieses Gremium wird lange beraten und es wird von den Einflüssen von außen möglichst weitgehend abgeschirmt sein. Und nun zum Knackpunkt:
Den Mitgliedern des Rates wird eine einmalige Wiedergeburt gewährt, und zwar in DER Gesellschaft, die die vom Rat beschlossenen Gesetze umgesetzt hat und bereits einige Jahre damit lebt. Die Mitglieder werden – wie Sie sich noch denken werden können – alles daransetzen, ein gerechtes und nachhaltiges Regel- und Gesetzeswerk zu entwickeln; denn sie werden nicht wissen, als was oder wer, ob als Frau oder Mann, ob reich oder arm oder mit welcher Hautfarbe, sie wiedergeboren werden! Einzig Ihr Seelenkern wird im Nachleben fortbestehen.

Ist das Regelwerk schlecht, unvollkommen und nicht genügend durchdacht, kann eine sehr ungerechte und bösartige Welt daraus entspringen, in der sie als wiedergeborenes Ratsmitglied möglicherweise viel Leid und Ungerechtigkeit erleben. Wenn sie also Pech haben und in eine arme Familie hineingeboren werden oder in eine kranke oder bösartige Umgebung geraten. Oder aber, Sie haben Glück: Sie werden in eine reiche Familie geboren und erhalten daraus alle Vorzüge, die ein Leben in Wohlstand und Glück sicherstellt. Gleichwohl sind die Chancen in letztere Welt geboren zu werden deutlich geringer und in der Sie aber wegen Ihrer Mitgliedschaft im Rat – die natürlich der Nachwelt bekannt sein wird! – angefeindet und beschimpft werden und sich möglicherweise hinter dicken Mauern verschanzen müssen, um keinem Raub, Attentat oder Überfall zum Opfer zu fallen.

Oder aber: Das Gesetzeswerk ist nahezu perfekt. Es ist umfassend, gerecht und nachhaltig. Also der Fortbestand der heutigen Welt wird gesichert und die Lebenschancen sind für alle Menschen annähernd gleich. Dann wird es egal sein, in welche Familie ein Mensch hineingeboren wird. Und niemand wird den Gesetzgebern Vorwürfe machen, auch wenn es naturgegeben manchmal Unglück oder Erkrankungen gibt, gegen die auch ein Regelwerk machtlos ist.

Soweit das Gedankenexperiment. Es hat natürlich keine Chance auf reale Umsetzung, denn niemand spielt mit so einer Zukunft Risiko, denn zu gering scheint die Aussicht auf Gewinn. Entweder reich zu gewinnen, aber sich abschotten zu können, oder sozusagen mit der geschaffenen Gesetzgebung das Ei des Kolumbus gefunden zu haben. Zu verstrickt und undurchsichtig sind die Machenschaften von Politik und Gesellschaft.

Und nun zu meinem Erlebnis. Ich folgte nämlich meinem Seelenkern in die Zukunft, wieder mal ohne Nutzen für die Nachwelt, aber doch für mich ein aufrüttelndes Erlebnis.

Schlupfloch

Als Rentner erlaube mir den Luxus, hin und wieder länger zu schlafen – froh darüber, nicht nur, dass ich es kann, sondern mehr darüber, dass es meistens klappt! Vielleicht bin ich aber eines Morgens dabei zu weit gegangen?

Folgen Sie mir!

Nun können die Träume zwar gewissermaßen auslaufen, gleichwohl kann ich mich nach wie vor kaum je genauer an Geträumtes erinnern. Geht es Ihnen da nicht auch so? Und wenn, dann verflüchtigt sich Geträumtes wie Alkohol beim Kochen, aber an ein vermehrtes Auslaufen und Fortkommen der Traumbilder, daran glaube ich schon. Ob es guttut? Ich weiß es nicht, aber hoffe es. Wie gesagt: Einmal war es anders! Als ich aufwachte, war es wie ein Offenbarungsgefühl, eine seltsame Mischung aus Allwissenheit, Entzücken und Ohnmacht.

So war ich scheinbar eingedrungen hinter den Schleier eines kollektiven Nichtwissens. Wie an einer Angel zog ich das U-Boot mit den Daten dieser Anderen Welt aus dem dunklen Meer eines Nichtwissens, das eigentlich kein Überleben oberhalb der Meeresoberfläche zulässt. Aber: Wie Träume sich dem bewussten Zugriff gern rasch und doch bleiern entziehen, war es Diesmal nicht! Zwar können wohl alle Erfahrungen der Weltgeschichte beweisen, dass jemand recht hat, doch ein einziger Tag, ein einziger Vorfall oder ein einiges Traumerlebnis kann alles umstürzen. Wir haben uns in Einem Punkt geirrt! Und auf genau diesen Punkt könnte alles angekommen sein, sollten wir ihn als Angelpunkt genommen haben.

Nun – einen Tag später habe ich meinen Zugriff auf die Datenboxen und diversen Aufzeichnungen im U-Boot sichern können und bin einerseits fassungslos und andererseits heiter und wie benebelt.

Ich war nämlich tatsächlich in diese Andere Welt eingetaucht. Und sie entpuppt sich mir als eine Art, na ja – Jenseits. Was ich sehen, tasten, hören, schmecken und nachempfinden konnte und immer noch kann, kommt es gewissermaßen einem Schlupfloch durch das Undurchdringliche gleich.

Da ich nicht weiß, wie lange mir dies alles bleibt, ist Eile geboten. Drum schreibe ich! Bedenken Sie dabei: Die Bücher Dieser Welt sind lange nicht so wertvoll wie die Mehrzahl der Ungelesenen. Dazu gehört eben in einem gewissen Sinne die Andere Welt. Wohl jeder gern ein Kafka wäre, aber ohne einen Max Brod es keinen Kafka gäbe.

Wie viele Talente starben in den Schützengräben der Weltkriege oder in den Konzentrationslagern? Sie hätten die Texte oder Erkenntnisse produzieren können, die den Verlauf der Geschichte verändert hätten haben können, die uns einen Hitler und Goebbels erspart hätten und die Bombe auf Hiroshima vielleicht auch.

Unfassbar!

„Unfassbar!" Das ist das passende Wort.

Was ich auf dem Acker der Anderen Welt durchpflügen konnte, bleibt nur schwer vermittelbar. Und der Leser merkt mir hoffentlich den Kampf um den rechten Ausdruck an? Möge am Ende ein Schatz im Acker gelegen haben, der mich mit dieser Nacht-Reise derart verbindet, dass der Kern des Berichts einen Samen bildet, aus dem für eine Nachwelt Erkenntnis erwachsen kann. Aber am Ende gehöre auch ich mit all meinen Texten zu den Toten, deren Werk nie wirken konnte. Zu früh und unschuldig gestorben, oder zu Lebzeiten ohne Einfluss oder unverstanden. Nicht immer werden die richtigen Wege ausgetreten, die Lösung eines Problems nicht ergriffen, weil die Ablenkung und Verführung den Aufschub gebar.

Was wäre, wenn? Das nun wiederum wäre schließlich auch ein Umweg. Der Umweg über Experimente mit Gedanken und dem Gewährenlassen der Fantasie kann die Lösung sein. So hatte ich beispielsweise in einem Buch eine Denksportaufgabe gelesen. Danach galt es, neun quadratisch angeordnete Punkte mit vier geraden Linien so zu verbinden, dass, ohne abgesetzt zu haben, alle Punkte miteinander durchschnitten wurden.

Nachdem ich dies einige Male vergeblich versucht hatte, glitten meine Gedanken ins Spielerische ab und ich machte der Aufgabe folgende Zusätze:

1. Die neun Punkte bedeuten die Weltwirklichkeit.
2. Die Lösung der Aufgabe bedeuten den Sinn der Welt.

Als ich es abermals nicht schaffte, die Punkte "richtig" "sinnvoll" zu verbinden, kam ich mir vor wie Sisyphos, der permanent versucht, dieses Problem immanent, das heißt auf der Grundlage des Offensichtlichen, des Sichtbaren, Machbaren, nach Vorgabe des Naheliegendsten zu lösen. Ich kam auf die Idee, das Neun-Punkte-Schema zu sprengen, zu transzendieren, mich nicht von den Grenzen der Welt gefangen nehmen zu lassen, und ich kam dann auch prompt auf des Rätsels Lösung.

Da ich nun einmal an diesem Gedankenspiel Gefallen gefunden hatte, dachte ich noch weiter. Während der Mensch immer blind gegen die Grenzen der Welt, die er in der Vernunft installiert, anrennt, eröffnet sich dem Kreativen und Freien allererst ein Sinn, eine klarere Sicht.

Diese Sicht bleibt aber auch nur eine vorläufig Klarere, da der Sinn im Suchen besteht und sich an realen Problemen festmacht, das heißt, es muss immer wieder und immer neu transzendiert und befreit werden, weil Sinn und Lösung immer wieder und immer neu gesucht und gefunden werden wollen.

Seelenkern

Ich fürchte, niemand wird mir glauben, weil wir so schon viel zu viel Geglaubtes - oder Glaubensinhalt - in der Gedankenwelt haben, und dennoch schreibe ich die Begegnungen meines Seelenkerns mit der Anderen Welt nieder. Scheinbar ist es uns Menschen nicht vergönnt, überhaupt eine Idee von der Seelenreise und dem Erleben der Seele nach dem Ableben zu bekommen.

Zwar erschaffen gewisse Religionsgemeinschaften immer wieder und gerne recht wundersame Bilder einer jenseitigen Welt, deren Herkunft sie aber bei nüchterner Betrachtung eben **Dieser** Welt verdanken, aber sie müssen vor der Anderen Welt, der nächsten Stufe auf der imaginären Himmelsleiter kapitulieren; es ist eben Glaube und kein Wissen. Unerreichbar bleibend und doch sich immer annähernd. Hier müssen wir stets ohne Gewissheit leben, der Rest ist groß und kann sinnvoll nur mit Zuversicht, Bemühen, Vertrauen und Liebe gefüllt werden. Mit Sicherheit (sic!) die einzig sinnstiftende und trostreiche Lösung, um angenommen werden zu können und zurechtzukommen.

Mir wurde also der Zugang durch einen nur gedachten Türhüter in Richtung des allumgreifenden Gesetzes gewährt. Und ich sage gleich: Es hat mich zwar weitergebracht, aber eben nicht an das Ende des Weges. Und schon hinter der ersten Tür war es auch gar nicht heller, sondern eher dunkel,- aber wohlig warm. Mein Seelenkern hatte sich nach dem Tod – und ich machte hier scheinbar (im Traum) einen (hoffentlich) kräftigen Zeitsprung – in ein neues menschliches Lebewesen eingepflanzt! Und was ich dann zu sehen bekam, kann einem wahrlich den Atem nehmen; denn es ist durchaus spannend, aber mehr noch - ernüchternd.

Niemand kann aus Dieser Welt in diese Andere Welt eindringen. Niemand weiß, ob es umgekehrt ebenso ist. Eben das hat sich mir aber offenbart. Das hat mir diese Traumreise deutlich gemacht. Wie an der Angel aus dem Meer gezogen, hängen die Fakten am Haken, und sie werden hiermit aufbereitet.

Eingepflanzt als „Seelenkern" schwebt meine Diese-Welt-Person hinter einem Tarnmantel in der Anderen Welt, in der Welt der Mit- und Nachgeborenen. Sie sehen uns nicht, aber der Seelenkern funkt deren Erleben in Richtung Tarnmantel.

Und mir wird klar: Unsere Seele schaut der Nach-mir-Geburt zu. Und noch klarer wird mir: Der Nachgeborene ahnt nichts von dem Zuschauer.

Und was mich nun berührt: Wir wissen davon in Dieser Welt (noch) nichts.

Und was mich nachdenklich stimmt: Wir ahnen nicht, ALS WAS ODER WER unser Seelenkern eingepflanzt sein wird. Das Gedankenexperiment lebt auf anderer Ebene fort.

Mir, besser und - darf ich`s sagen: uns allen -, ist scheinbar ein Seelenkern eingepflanzt, den zumindest ich, an jemanden mir vollkommen Unbekannten weiterreiche. Ich ahne nicht, wo – bei wem - er landet, was aus diesem Nachgeborenen wird, wie er sich entwickelt? Welche Umstände erwarten ihn, wenn er zur Welt kommt? Auch mir schaut also jemand zu, zu dem ich nicht durchdringen kann. War es ein Reicher, war er arm, starb er früh, wurde er alt? War er glücklich, hatte er Kinder?

Nur: Zurückschauen geht eben nicht, wenn wir die Geheimnisse unseres Vorlebens fassen wollen. Die Friedhöfe sind voll von Menschen, die Mut besaßen, risikobereit waren und zuversichtlich wie zum Beispiel manche Milliardäre oder berühmte Erfinder. Aber die Friedhöfe und Massengräber sind noch voller von den Gescheiterten, von Glücklosen und von Verbrechern. Sicher gab es gewisse Unterschiede in den Talenten und Fertigkeiten, doch – wie ich jetzt sicher weiß – hat die Menschen vor allem eines unterschieden: Glück. Schieres Glück! Ein Münzwurf, ein Unfall, eine verirrte Kugel oder allein die Geburt, überall lauert das Ungewisse und wir müssen uns ihm fügen oder sind eliminiert. Denn oft führt uns das Leben irgendwohin, wo es nicht zu erwarten war oder wo es einfach so kommen musste. Wäre ich nicht hier, dann anderswo. Da wäre es ebenso seltsam, eben ein bizarres Gefühl zu haben von „Anderswo-sein".

Da sind im Leben manchmal Scheidewege. Welche Entwicklung soll mein Ich in die Welt der Zukunft nehmen? Das sind mal Umstände, mal Entscheide-Wege. Ein Bereuen, mal ein-, mal ausgeschlossen. Sogar der Lauf der Welt kann von jeder meiner Entscheidungen abhängen; auch das macht Entscheiden so schwer. Mein Verstand und meine Augen sehen anders, richten sich auf etwas und eine Art Zwischending daraus bestimmt, was ich sehen, verstehen und entscheiden will.

Nur konnte ich mir nicht alles vorstellen. Denn, immer wenn ich mir die Andere Welt ausmalte, schmuggelte meine Einbildung genau mich selbst, den diese Welt wegschaffen sollte, wieder hinein – als Unsichtbaren, als Auge ohne Körper. Wenn ich mich dann wirklich ganz und gar wegzudenken versuchte, verschwand die Welt, die ich mir ohne mich vorzustellen versuchen wollte, mit mir. So oft ich es auch versuchte, es war immer das Gleiche. Was konnte das bedeuten? Dass ich gar nicht weg sein kann, weil die Welt ja nicht verschwindet und weil sie aber verschwinden müsste ohne mich?

Das Ende des Traums

Ich bin es gewohnt, bei völlig abgedunkeltem Zimmer zu schlafen. Nur der kleinste Lichteinfall, sei es während der Nacht durch künstliches, sei es am Morgen durch natürliches Licht, kürzt mir, so empfinde ich, die Schlafdauer ab. Ich erwache dann rascher und früher. Unsere Jalousien lassen bei gänzlichem Herablassen keinerlei Lichteinfall mehr zu; das war mir immer wichtig. So war das Schlafzimmerfenster völlig versiegelt und auch die Türschlitze drang kein Lichtfetzen zu mir herein.

Und in dieser Nacht, da die Andere Welt zu mir drang und mich im Zeitrahmen der Traumepisoden mitnahm, um mir während des Schlafes Empfindungen zu vermitteln, die eine seltsame Mischung aus Vertrautem und völlig Neuem im Traumgeschehen heraus spülte, sprang am Ende – plötzlich, völlig unvermittelt und ohne Vorwarnung – ein schwarzer Panther frontoparietal, mit weit aufgerissenem Maul auf mich zu, packte in Sekundenschnelle meinen Kopf, vergrub ihn in seinem Schlund und biss ihn wie eine Guillotine ab.

Ich verspürte nichts. Kein Laut, kein Schmerz, nur ein schwarzes Nichts, das sich in vollkommener Ruhe um mich gelegt hatte wie schwarzer Schnee. So lag ich eine ganze Zeitlang, unendlich lang, gefühlt; ewig fortdauernd. Aber irgendwann begann ich zu spüren; wenn ich nichts sah und hörte, meine Finger hoben sich einzeln ab und ich fühlte etwas Weiches, das mich an ein Bettlaken erinnerte. Nach und nach wurde ich mir der Schwerkraft zunächst der Bettdecke und dann meiner selbst bewusst und tastete mit den Fingern der rechten Hand den linken Unterarm entlang. Die Augen spürte ich, wie sie weitaufgerissen, im schwarzen Nichts irgendwo Halt an etwas Hellem suchten. Bis mir klar wurde, dass ich nicht tot war, sondern lebte und im Nu strömte ein Wärmegefühl in meinen

Körper, das mich Mich leichter fühlen ließ und dem ich mich nur zu gerne hingab.

Der Traum war längst vorbei und lebte doch noch fort, denn die Umgebungsbedingungen von völligem Dunkel und absoluter Stille sowie die Illusion des Totseins hatten mich derart das Ende meines Traumes fort und weiter wirken lassen, dass mich im Wachzustand in völliger Fehleinschätzung des Realen das Endergebnis des Traumes hat fortbestehen lassen. Dieses Fortdümpeln des Trauminhaltes und die scheinbare Gewissheit, tot zu sein, und das Erschrecken über diese seltsame Nähe von Traum und Wirklichkeitserleben haben mich dann auch nicht mehr weiterschlafen lassen. Zum Glück war es nicht mehr weit bis zum Morgengrauen, es blieb nicht mehr viel Zeit bis zum - normalerweise - Erwachen. Und so gab der Alltagstrott mit Kaffee kochen, Anziehen, Waschen, Frühstücken, Zähneputzen, dann bald den verblassenden Wandvorhang, hinter dem dieser Schock allmählich wie im Nebel verschwand.

Die Andere Welt, es war keine Konkurrenz zu Hier und Jetzt, keine Utopie, kein Neben zu meinem Sein im Wach des Jetzt; keine Gegen- oder Anderswelt, sondern etwas Unzugängliches. Mir und der Menschheit auf ewig verwehrt. Es müssen vier bis sechs Stunden gewesen sein, in denen ich in der Anderen Welt schwebte wie eine Drohne mit Tarnkappe, die wie eine unsichtbare Wolke über einem anderen Menschenkörper schwebte, dessen Gedanken ich wie in einem Recorder hören und dessen Spürerfahrungen und Empfindungen ich im Cockpit der Drohne an einem Tastbildschirm nachvollziehen oder verfolgen konnte.

Anderswo

Es ist Tag.

Wie mit Tarnkappe bestückt, schwebt die unsichtbare Drohne über meinem Seelenkern, kann sie sehen und nimmt ihre Gedanken und Gefühle quasi seismografisch auf. Eingepflanzt in eine Sie.

Dort sehe ich ihn gedeihen und wirken, den Seelenkern. Sie ist eher klein, 164 cm groß. 1996 geboren. In den schwarzen Augen, die sie von ihrer italienischstämmigen Mutter geerbt hat, spiegelt sich das Gegenüber und macht ihn unsicher, manchmal neugierig, immer aber bleibt das Gefühl, irgendwie abgeprallt zu sein. Sie wirkt drahtig, dabei auch zierlich, umsichtig und flink.

Und sie ist doch – Ich.

Sie wiederum, weiß nichts von mir, ahnt nichts, wird niemals erfahren - wie ich -, dass da ein Seelenkern weiterwandert und auf sie herabschaut und mitfühlt. Fühle ich WIRKLICH mit oder verarbeite ich ihre Gedanken, ich weiß es nicht genau, bin aber dran. Sie sieht die Drohne nicht, lebt, kann die Verbindung zurück nicht erspüren. Ich aber spüre ihr Pulsieren, ihre Atmung und ihre Anstrengung beim Greifen nach den Früchten.

Ihr Körper verspürt Durst, den sie aber nicht wahrnimmt, weil sie gefangen ist in der Tätigkeit, getrieben dem Produzenten die geforderte Menge Tomaten abzuliefern. Noch vor einigen Wochen stach sie den Spargel bei einem Bauern in der Lombardei. Nach Saisonende wurde sie zusammen mit anderen Frauen in einem alten VW-Bully nach Süden verfrachtet. Den großen Rucksack, an dem noch die Turnschuhe baumeln, kann sie kaum tragen, denkt man und dennoch wuchtet sie ihn wie einen leichten Mantel auf den Rücken und marschiert selbstbewusst los.

Die Schleuser achten sehr darauf, dass Männer und Frauen getrennt bleiben. Liebschaften und allerlei sonstige Begehrlichkeiten sollten unterbunden bleiben. Volle Konzentration auf den Ertrag bei der Ernte; denn eine schwangere Frau schafft weniger und braucht mehr soziale Unterstützung, bindet Zeit. Das mindert den Gewinn. Damit wollen die Vorarbeiter nichts zu tun haben, weil es am Ende an ihnen hängen bleibt, für Hilfe zu sorgen. „Die da oben" interessiert nicht, was die Sorgen und Nöte der Menschen sind, sie wollen, dass die Quartalszahlen stimmen und nach rechts oben zeigen.

Auf der Plantage arbeiten viele junge Frauen, aber auch einige Männer, meist Afrikaner. Viele mit nacktem Oberkörper, schweißglänzende Haut, eine vorzügliche Angriffsfläche für die Malaria-Mücken. Die Männer sind weniger resilient; die Erfahrungen während der Flucht haben ihnen ihren Stempel aufgedrückt und sie sind traumatisiert. Immer wieder kommt es unter den Flüchtlingen in den Ghettos oder den Container-Unterkünften der Produktionsfirma zu Gewalt oder Selbstmorden. Die Frauen sind zäher und auch die Schwangeren leisten mehr als man erwarten sollte. Die meisten Männer der Kohorte können da nicht mithalten; sie machen mehr Raucherpausen oder verlassen das jeweilige Camp nach einiger Zeit, um nach Frankreich zu gelangen. Nach Calais, wo man angeblich gute Chancen hat, nach England zu kommen. Das ist gut, weil sie meist Englisch können und da es schon viele sind; vielleicht welche, die auch aus Afrika gekommen waren.

Die Kinder tun den Frauen gut. Sie mobilisieren neue Kräfte in der Trostlosigkeit und Einförmigkeit der Arbeit auf den Plantagen. Ihre warmen Körper, die Nähe und die immer wieder erlebende Erfahrung, doch noch so viel geben zu können, die Freude, die die Kleinen ihnen beim Stillen und beim Spielen geben, wenn sie scheinbar dankbar zurücklächeln und der süße Anblick, wenn sie endlich schlafen. Das entschädigt für viele Entbehrungen und hält sie fest im Hier und Jetzt.

Sie ächzt unter der Last, die womöglich fast ebenso viel wiegt wie ihr abgemagerter Körper. Sie schleppt auf ihrem zierlichen Rücken einen Stapel Säcke mit Tomaten am Fuße des Vesuvs. Am Lastwagen angekommen, lässt sie den Ballen auf ein Transportband fallen, durchtrennt die Schnüre mit ihrem kleinen Taschenmesser. Der muskulöse Italiener mit den Tätowierungen am linken Arm und den frei rasierten Schläfen führt eine Strichliste. Er schaut sie kurz an und händigt ihr zwei neue Säcke aus. „Gut Safira, trink einen Schluck!" Er reicht ihr eine halbvolle Plastikflasche mit Wasser.

Eine andere Frau, wohl kaum zwanzig Jahre alt, trägt ihren Säugling auf dem Rücken. Sie verausgabt sich in der feuchten, extremen Hitze. Andere Kinder, größere, die aber zum Arbeiten noch zu jung sind, spielen auf dem Feld mit Stöckchen oder Steinen. Sie klopfen mit einem liegen gebliebenen Beil auf der Erde herum, wie ihre Eltern, oder stecken sich ungewaschene, mit weißlichem Pulver bedeckte Tomaten in den Mund. Die Sonne brennt so heiß, dass einige nur mit Unterhemd oder mit nacktem Oberkörper arbeiten. Viele kratzen sich. Auf ihren Gesichtern und Händen sind Rötungen und Anzeichen von Hautkrankheiten zu sehen. Dies ist in dieser Saison nicht ihr erster Tag auf dem Feld. Das Baby schreit und sie unterbricht ihre Arbeit, um es zu stillen.

Ganz gleich, welcher Nationalität sie sind, viele der in Italien ankommenden Afrikaner arbeiten auf den Plantagen oder dösen in den Hütten der Slums oder in schäbigen Unterkünften der Vororte. Dabei sind diese Orte vom Rest der Bevölkerung abgeschnitten, nicht aber von der globalen Wirtschaft, vermittelt über die Vorarbeiter, die Manager und Firmenbosse. Viele Migranten ziehen ein Leben im Ghetto dem in von öffentlichen Behörden oder dem vom katholischen Hilfswerk finanzierten Unterkünften vor: Im Ghetto leben bedeutet zwar, überleben zu müssen, zusammengepfercht, auf Plastikkanister und zweifelhaftes Wasser angewiesen; es bedeutet, die Gewalt zu ertragen, die die von Gier oder Not Getriebenen regierte Welt mit sich bringt. Im Ghetto leben bedeutet aber auch, in Gesellschaft von anderen Menschen zu leben, die ein ähnliches Schicksal teilen und den gleichen sozialen Status haben. Gleichzeitig in steter Hoffnung lebend und nie aufgebend. Vielleicht schafft man es heraus aus diesem Elend und steigt auf in der Hierarchie oder es gelingt die spektakuläre Flucht ins Leben reicher Nordeuropäer.

Safira weiß nicht, ob und was sie hoffen soll. Sie lebt stets im Hier und Jetzt, im Augenblick, mit aller Achtsamkeit auf ihr Tun, darauf bedacht, den Schelten und Strafen der Vorarbeiter zu entgehen, kann nicht raus aus ihrer Haut, immer konzentriert bei der Arbeit, bloß keine Fehler machen, die sie dann noch härter arbeiten lassen muss. Die Gedanken kehren immer wieder zurück auf den Akkord. Wieder ein Kilo mehr geschafft. Heute läuft es gut, trotz Hitze. Sie ist regelrecht im flow und liebt diese Versenkung im Tun, es verschafft ihr Glückshormone trotz aller Not, lässt Durst und Hunger vergessen.

Abends dann, nachdem sie gierig eine Suppe oder ein paar Brote heruntergeschlungen hat, stundenlang auf dem Smartphone Filmchen gucken auf facebook oder youtube; so vergeht die Zeit. Eifrig und gewissenhaft achtet sie darauf, dass das Ladekabel immer wieder bei verfügbaren Steckdosen dem Handy zur Verfügung steht. Sie weiß nicht mehr, was Empörung ist, will es auch gar nicht mehr zulassen, weil sie sieht, was dann mit den Empörten geschieht, die ihre Gefühle nicht mehr steuern können und von ihrer Wut zerfressen bei jedem neuen Ausbruch in noch tiefere Abhängigkeit geworfen werden, nachdem man ihnen den Willen durch Gewalt und Liebesentzug oder durch lange Entbehrungen gebrochen hat.

Sie leben – wie Safira – vom selbstproduzierten flow oder in Apathie bis zum Tod.

Der Vorarbeiter

Mehr kann ich aus meiner Drohnenkapsel nicht sehen, mein See-lenkern lebt scheinbar in einer Welt, die ihn in eine noch schlechte-re Umgebung katapultiert hat. Der bullige Vorarbeiter bittet sie am Mittag in sein Büro. Sie wird wohl auf ihre Mittagspause, zumin-dest teilweise, verzichten müssen. Sie arbeite gut und sei fleißig und zuverlässig. Safira fühlt sich geschmeichelt und bedankt sich für das Kompliment. Ob sie denn nicht mehr noch aus sich machen wolle; Mädchen, so gutaussehend wie sie, könnten doch leichter zu Geld und Wohlstand kommen. Dabei schaut er ihr erst in die Augen, lässt den Blick herunter wandern, bleibt kurz in Höhe ihres Busens hängen und schaut dann abwartend auf ihren Mund. Sie ahnt, worauf er hinauswill, aber sie will nicht so ein Leben. Immer wieder hat sie das beobachtet auf der Flucht, die lüsternen Blicke der meist jüngeren Männer, aber auch das Gegrapsche, wenn sie sich mal gerade nicht in Sichtweite der Vorarbeiter und der ande-ren Frauen befand. Er sei bereit ihr 20 Euro für „Sonderdienste" zu gewähren, sie solle am Abend wieder ins Büro kommen. Sein Grinsen bringt sie innerlich in Wut, denn sie fühlt sich angegriffen und wird unsicher. Ein fieses, matschiges Gefühl gepaart mit dem Hang zur Resignation bleibt bei ihr zurück. Sie hofft, dass sie dieses Gefühl nicht übermannt.

Safira weiß von anderen Frauen, was dann erwartet wird und dass, wenn sie der Einladung nicht folgt, der Vorarbeiter den Druck sub-til und peu a peu auf sie erhöhen wird. Viele Frauen geben nach. Aber es gibt auch welche, die sich wehren, aber am Ende daran zu Grunde gehen. Bleibt nur die Flucht? Aber wohin? Ihr Italienisch ist bruchstückhaft, auch wenn sie relativ und im Vergleich zu den anderen gut zurechtkommt; es hat schließlich etwas Vertrautes. Die Wiegenlieder ihrer Mutter erfassen sie manchmal, bei bestimmten Worten oder Sätzen, die sie aufschnappt und helfen auch ihrem „Kauderwelsch" eine gewisse „italienische" Melodiosität zu verleihen. Mit dem Schulenglisch kommt sie nicht weit. Man würde sie auffinden, keinen Asylgrund finden und sie irgendwann in ein Flugzeug setzen, zurück nach Georgien, ein scheinbar sichereres Herkunftsland, wie es heißt.

Mittelmeer

Noch einmal würde sie die Flucht nicht schaffen, ihr Freund und Lebensgefährte war auf der Flucht im Mittelmeer ertrunken; sie hatte überlebt, weil sie schwimmen konnte. Noch mal, allein? Sie hätte keine Chance ohne Internetverbindung, ohne Ausbildung. Solange man sie in Ruhe ließe, würde sie es ja noch eine Zeitlang in Tomatenplantagen aushalten, aber als Frau war sie das Objekt der Männer, die ihre Macht, ihre Stellung und ihre körperliche Überlegenheit missbrauchten, Objekt der Begierde, Objekt der Ausbeutung und stets unter Kontrolle. Aber sie will kämpfen! Will sich nicht beugen; es muss einen Ausweg geben!

In solchen Momenten vermisst sie ihren „Mann", der zuletzt noch neben ihr auf dem Schlauchboot gesessen hatte - ohne Schwimmweste. Er wollte sie heiraten und in den Wirren der Fluchtvorbereitungen gerieten die Heiratspläne ins Hintertreffen. Aber für sie war er ihr „Mann", ob mit staatlichem oder kirchlichem Segen, das war ihr vorher und jetzt egal!

Sie konnte sich nicht halten an den Schlaufen des Bootes und wurde ins Meer geschleudert. Durch die Kälte des Meerwassers mit Adrenalin und Cortisol aufgeputscht und die Küste Griechenlands schon in Sicht, schwamm sie und sah das Boot hinter sich kentern, sah wie ihr „Mann", ihr Versprechen, ihre Zukunft, die Bordwand herunterrutschte und unter das Boot geriet. Sportlich war er und dennoch: Er konnte nicht schwimmen. Sie wusste, sie kann ihm nicht helfen, sie hoffte, dass er auftauchen und wieder ins Boot gezogen werden würde. Kurz zögerte sie und wollte umkehren zum Boot, sah aber dann, wie es von einer starken Welle noch einmal umschlug und weitere Flüchtlinge unter sich begrub. Der Schub der Welle erfasste auch sie und trieb sie in Richtung Strand.

Sie denkt, wie ich denken würde, stelle ich überrascht fest und finde mich bestätigt, bereit ihr weiter zu folgen, solange mein Zeitfenster zur Anderen Welt offensteht.

Silvio

Silvio, dieser Name war es eigentlich, der sie auf ihn aufmerksam machte. Das klang für sie nach Mama und war doch so fremd in Georgien. Wenn überhaupt, dann hatte Silvio einen gewissen Asylgrund; sie nicht. Sie folgte dem Versprechen, folgte seinem Namen, war elektrisiert von seinem Blick, den er ihr so unverhofft schenkte, als sie sich das erste Mal sahen. Und nun hatte sie ihn verloren und lag am Strand, weniger vor Anstrengung keuchend als vor unendlicher Trauer und Enttäuschung und Wut. Dieser Mann war intelligent, klug und hatte gebildete Eltern, nur Schwimmen konnte er nicht. DAS hätte ihm das Leben und ihr den Asylgrund und einen liebenswerten Ehemann nicht nur versprochen, sondern gegeben, nicht sein Wissen und seine Herkunft. Von Martin, den er in Hamburg kennengelernt hatte, hatte er ihr erzählt. Zu ihm wollte er zunächst, der werde ihnen helfen können. Dahin will sie es jetzt ohne ihn versuchen. Sie kennt nicht seinen vollen Namen, nur Erzählschnipsel, die gut klangen, so unfassbar gut.

Sie braucht lange, um zu sich zu kommen, sitzt weinend am Strand, der warme Sommerwind trocknet ihr Haar und schließlich auch die Kleider. Und als sie an sich heruntersieht, dankt sie Silvio für seine Klugheit und Weitsicht. Sie solle ihre Ausweise, Geburtsurkunde, das Geld, Feuerzeug, Handy nebst Ladekabel und ein paar kleine Fotos in einem Plastikgefäß wasserdicht verstauen und so am Körper anbringen, dass es nicht im Meer nass werden oder untergehen könne. Ihr kleiner Rucksack mit Essbesteck, Ersatzkleidung und einem Handtuch ist zwar durchnässt und klebt an ihrem Rücken, aber er ist da.

Sie weiß nicht mehr, wie lange sie geschwommen war, nur eben damit beschäftigt, zu schwimmen, nicht untergehen, auf den Wellen schweben und im Wellental vor jeder kommenden Welle wieder kraftvoll hochschnellen, kurz die Küste sehen und wieder zwei, drei Züge mit Armen und Beinen vorantreiben. Das nahm sie völlig ein, ließ keine Ablenkung zu. Das Trauma verschwand hier im Bewegungsdrang, wurde vom Überlebenswillen übermannt. Und nun schaut sie auf Felsen und dahinter die Pinien und irgendwo in der Ferne Glitzerlicht.

Immer wieder abhauen

Ihre Mutter war 1967, aus ärmlichen Verhältnissen in Süditalien kommend, als 15-Jährige abgehauen. Arbeiten solle sie, sagte ihre alleinlebende Mutter, die noch zwei weitere Töchter durchbringen musste. Den Ehemann hatte die Comorra erschossen. Da war es in der kleinen Wohnung ein Spießroutenlaufen und sie musste immer wieder vor den Annäherungsversuchen der vielen männlichen Besucher flüchten, versteckte sich mal auf dem Dachboden, mal im Schafstall des Nachbarn und genoss dort die Einsamkeit und Ruhe. Als 14-Jährige, von der Mutter von der Schule genommen, sollte sie bei reichen Leuten den Haushalt führen. Das war sogar eine Verbesserung im Vergleich zu ihrem bisherigen Leben, bis die Mutter auftauchte und den Lohn der noch minderjährigen Tochter abkassierte. Sie aber wollte Sprachen lernen und die Welt hinaus. Von Abfällen des Haushalts lebend, den sie versorgen musste, in der immer gleichen Kleidung war sie schließlich ausgebrochen und hatte in einem Sportwarenherstellergeschäft sich nachts einschließen lassen, hatte Kleidung und ihr nützlich erscheinende Dinge geplündert. Und als sie so in Trekkingkleidung mit hitch-hiker-Daumen mit ihrer schwarzen, offenen Mähne am Straßenrand stand, war das kein langes Warten. Eine Ente Citroen 2 CV mit deutschem Kennzeichen, innensitzend ein Pärchen im Hippielook, hatte sie dann sogleich aufgegabelt, noch bevor die Fahndung, ausgelöst von der Mutter, anlaufen konnte.

Mit Rucksack und moderner Trekkingkleidung wirkte sie älter und folgte den beiden, die ihre Stopps mit Zeltaufschlagen und Lagerfeuern an unbeobachteten Plätzen garnierten. Sie hatte nur wenig Geld, aber die beiden Hippies aus Deutschland fragten nicht danach, ließen sie mitessen und trinken. An der italienischen Küste entlang ging es über Bologna, Triest, durch Kroatien und Griechenland in die Türkei. Ob sie nicht mit wolle nach Indien, fragten die Hippies auf Englisch, das sie gerade so verstand. Was sollte sie sagen, aber in der Türkei an der Küste des Schwarzen Meeres entlang geriet das Paar bei Ardahan wegen der Frage, ob das Mädchen an den Lustspielen der beiden teilhaben und deswegen im Zelt bleiben sollte, derart in Streit, dass das Mädchen sich in der Nacht davonschlich und anstatt südwärts, in Richtung Persien, Indien, sich nach Norden aufmachte.

Sie hatte keine Ahnung, wo es hin ging, war nun aber so campingerfahren, dass sie im Laderaum eines LKWs bei Sarpi auf der E 70 nicht merkte, dass sie in die ehemalige UdSSR geschafft hatte. Letztendlich wurde sie ohne Papiere als vermeintlich Obdachlose ohne Herkunftsnachweis aufgegriffen. Was konnte sie tun? Schweigen, ihre Sprache hätte sie verraten; sie wollte nicht zurück. Natürlich kam es doch heraus, dass sie wohl Italienerin sei, aber ein Rechtsanwalt, mit ihrem Fall betraut, nahm sie mit Duldung der neu gegründeten georgischen Administration zu sich und verschaffte ihr eine Anstellung als Reinigungskraft und sorgte für Unterkunft und Verpflegung. Das Mädchen wurde reifer und fand sich in dieser neuen Umgebung gut zurecht und nicht zuletzt verliebte sich der Sohn des Rechtsanwalts in das hübsche Mädchen, dessen Liebe nicht unerwidert blieb. Und so ging aus dieser Liäson schließlich Safira hervor.

Safiras Vater, später selbst Rechtsanwalt, blieb stets im Hintergrund und besuchte sein kleines Töchterchen nur selten, ließ die Mutter machen, die, genügend versorgt durch den Erzeuger, ein leidlich glückliches Leben in dem feuchtwarmen Klima der Küstenstadt im Vergleich zu ihren Herkunftsverhältnissen führte, und der Tochter im Rahmen ihrer Möglichkeiten vieles ermöglichte, was ihr selbst im Leben vorbehalten blieb. Und so konnte das Töchterlein früh lesen und es las gern.

Safiras Traum

Literaturwissenschaften wollte Safira studieren. Der Vater zahlte Gebühren, Unterkunft und Verpflegung, die Mutter stolz und dankbar, genoss ebenfalls etliche Privilegien. Besonders die deutschen und englischsprachigen Dichter hatten es ihr angetan und sie besuchte daher nebenbei Deutschkurse. Lessings Ringparabel, Goethes Werther, Moritzens Anton Reiser, Schillers Räuber, Hesses Siddharta oder Süsskinds Parfüm, aber auch Defoes Robinson, Poe´s Artur Gordon Pym oder zuletzt die Pilgerreise des Harold Fry von Rachel Joyce, um nur ein paar zu nennen, hatte sie regelrecht verschlungen. Die deutschen Werke las sie zunächst in der englischen Übersetzung, wollte sie aber im Original kennenlernen.

Zu Beginn des zweiten Semesters lernte sie Silvio kennen. Der italienisch klingende Name zog sie magisch an. Beide besuchten ein Seminar über die Einflüsse westeuropäischer Literatur auf die georgischen Schriftsteller und Künstler. Er konnte nicht die Augen lassen von ihren dunklen Augen und liebte es, ihren Konturen mit den seinen begierig zu folgen. Sie sollte ein Referat erstellen und war zunächst völlig überfordert, sah den Wald vor lauter Bäumen nicht. In einer Arbeitsgruppe kamen sie sich näher. Sie bemerkte seine Blicke und spürte, dass sie ihm gefiel. So fiel es ihr nicht schwer, ihn anzusprechen und ihn um Tipps zu bitten. Silvio, zwei Semester weiter, erfahrener und natürlich geschmeichelt, drohte dabei fast, seine eignen Studien zu vernachlässigen, derart hatte er sich in dieses irgendwie verschlossene und gleichermaßen aufgeschlossene Mädchen verliebt. Natürlich blieb es nicht bei Ratschlägen, sondern immer öfter kam es zu einem morgendlichen Aufwachen im Bett seiner hübschen Kommilitonin.

Silvio studierte Medienwissenschaften und Politik. Journalist wollte er werden. Er hatte die Videos gesehen von den Vergewaltigungen politisch Gefangener aus der Regierungszeit der Vereinten Nationalen Bewegung und teilte die Empörung, aber die Partei des Georgischen Traums, die die Wahlen gewonnen hatte, übte seither massiv Druck auf die Opposition, insbesondere auf die Medien aus. In Gerichtsprozessen wurden zudem Oppositionelle meist mit Freiheitsstrafen belegt, während Anhänger des Georgischen Traums gegen Kaution oder Geldstrafen freikamen. Im Rahmen dieser angeheizten Situation war Silvio 2015 ebenfalls als Beteiligter einer Demonstration gefangen genommen worden. Als er wieder auf freiem Fuß war, war er nicht mehr derselbe. Zudem wurde er unter Arrest gestellt, durfte die Stadt nicht verlassen. Die Wochen Gefängnis hatten den aus einfachen Verhältnissen stammenden und empfindsamen jungen Mann traumatisiert. Es gelang Safira, dass er sich ihr gegenüber stärker öffnete und ihr seine Ängste schilderte. So erzählte Silvio auch von der Begegnung mit Martin, den er in Hamburg beim Hochschulsport kennen gelernt hatte.

Martins Vater

Silvio hatte schon im zweiten Semester ein paar Monate in Deutschland ein Auslandssemester an der Universität in Hamburg studieren dürfen und hatte dabei Martin Andersen kennengelernt. Martin, 1992 geboren, war der uneheliche Sohn eines wohlhabenden Hamburger Kaufmanns, der schon früh in der Firma mitarbeiten sollte. Daher hatte ihn der Vater zum Studieren nach Hamburg geschickt. Er war klug und anpassungsfähig, aber eher schüchtern, höflich und bescheiden und zeigte nicht das selbstbewusste und sichere Auftreten des Vaters, sondern beobachtete sehr genau, was Menschen tun und zeigte ein eher kritisches und distanziertes Verhalten gegenüber den Selbstverständlichkeiten der herrschenden Meinungen.

Martins Vater, Clemens, hatte mit 14 Jahren den Unfalltod seiner Mutter miterleben müssen und hatte sechs Jahre später sein Jurastudium abgebrochen, weil Martins Großvater ihn darum gebeten hatte, das Unternehmen weiter zu führen und war wenig später mit erst 23 Jahren gänzlich in das Unternehmen eingestiegen. Clemens avancierte zum geschickt agierenden, klugen und weitsichtigen Unternehmer, der es verstand, das Unternehmen auf mehrere Standbeine zu stellen, was eine starke Reisetätigkeit erforderte. Durch den Erwerb einer Privatpilotenlizenz verbesserte er sich die entsprechenden Reisemöglichkeiten.

Im Zuge seiner vielen beruflich bedingten Reistätigkeiten kam es nach der Wende zu einer Liäson mit der Vorarbeiterin in einer französischen Blaubeerplantage. Die beiden waren in eine intensive Diskussion über die Bewässerungsmethoden geraten und Clemens imponierte die Schlagfertigkeit der hübschen Blondine. Fabienne, Anfang 30 und ungebunden, Tochter eines Dänen, erlag schließlich dem Charme des Unternehmers und gab sich seinen vorsichtigen Annäherungsversuchen hin. Als alle Besprechungsteilnehmer das

Hotel verlassen hatten, waren Fabienne und Clemens noch lange ins Gespräch vertieft und vergaßen die Zeit und schließlich, dass sie beide in bestehenden Beziehungen waren. Beide verließen das Hotel am nächsten Morgen mit schlechtem Gewissen und wagten es lange nicht, den Faden zum anderen wieder aufzunehmen. Fabienne behielt diese Affäre für sich und nannte zunächst auch nicht den Vater des Kindes und so kam 1992 dann Martin zur Welt.

Erst fast zwei Jahre später besuchte Clemens wieder die Anbaufelder in Frankreich, fragte auch nach Fabienne, aber die war ihrem Lebensgefährten gefolgt, der eine kleine Landwirtschaft in der Region betrieb. Daraufhin hatte er sich von der Personalabteilung die neue Adresse geben lassen. Abends allein im Hotel wagte Clemens es, Fabienne anzurufen. Er wusste nicht, was ihn trieb und wollte sich eigentlich nach ihrem Befinden erkunden und sich dafür entschuldigen, dass er nach der wunderschönen Nacht damals sich nicht mehr bei ihr gemeldet hatte, wollte ihr erklären, wie sehr er sie mochte und das sexuelle Abenteuer genossen hatte, aber dennoch seiner Frau treu bleiben wolle und damit einen verspäteten Schlussstrich setzen, insgeheim hoffend, dass Fabienne ihm nicht nur verzieh, sondern vielleicht ihrerseits sich ein Wiedersehen erhoffte. Doch wie überrascht war er nach den ersten, wider Erwarten, nicht peinlichen, sondern offenen und vertraut klingenden Worten, als Fabienne ihm beichtete, dass er der Vater von Martin sei und mit Respekt um seinen Ruf diese Tatsache für sich behalten habe. Clemens mochte erst nicht an den Wahrheitsgehalt der Aussage glauben, doch ihm wurde klar, dass nicht sie IHN angerufen hatte, sondern ER sie.

Sie verabredeten sich tags darauf zu einem Abendessen im Hotel und wieder kamen sie so vertraut ins Gespräch, als seien sie nie getrennt gewesen. Anders als vor ein paar Jahren aber ließen sich beide nicht, trotz weiterhin spürbarer, gegenseitiger Sympathien, von ihren Gefühlen hinreißen. Wie ein altes, vertrautes Ehepaar konnten sie über ihre damalige Sünde sprechen und jeder war dafür, sein Geheimnis für sich zu behalten, um nicht den Frieden ihrer bisherigen Lebensumstände zu gefährden. Obwohl es Fabienne in der Beziehung mit ihrem Lebensgefährten und nach erneuter Berufstätigkeit in einem Supermarkt finanziell passabel ging, bot Clemens ihr schließlich an, für einen gewissen Unterhalt und eine veritable Ausbildung des Jungen sorgen zu wollen und überwies auf ein Sparkonto von Fabienne regelmäßig eine Summe Geldes, das ein bestimmtes Fortkommen des jungen Martin sicher stellen sollte und so machte der Junge schließlich sein Abitur und entschied sich für ein Studium in Deutschland, dem Land, von dem seine Mutter so schwärmte. Clemens und Fabienne haben danach quasi ihre Beziehung ruhen lassen und nie wieder zueinander Kontakt aufgenommen.

Fabiennes Geständnis

Kurz nach dem Abitur, - die Beziehung zu ihrem Lebensgefährten war drei Jahre zuvor beendet worden -, gestand Fabienne ihrem Sohn schließlich, wer dessen Vater war und dass der sich freuen würde ihn kennenzulernen, wenn das Geheimnis der Vaterschaft weiter gewahrt bleiben würde. Martin brauchte ein paar Wochen, um alles aufzuarbeiten und zu verstehen. Gleichwohl imponierte ihm die Kraft und distanzbewährte Vertrautheit der beiden sehr. Um dem „Vater" näher zu sein, entschloss er sich daher für ein Studium in Hamburg und organisierte erstmalig ein Treffen mit seinem Erzeuger. Der großgewachsene, sportliche junge Mann gefiel Clemens auf Anhieb. Blitzgescheit und stets sehr aufmerksam und umsichtig, und doch wiederum einfühlsam und mit einem ausgeprägten Gerechtigkeitssinn versehen, lernte er hier einen Menschen kennen, dessen kritischen Geist und dessen Talente er zu fördern wünschte.

Einmal im Ende November 2010 nahm der Vater den gerade volljährigen Martin dann auf eine Geschäftsreise nach Lübeck mit. Er hatte ihn offiziell als Praktikanten eingestellt und niemand ahnte etwas vom wahren Charakter der Beziehung der beiden zueinander. Es war das Jahr der Erdbeben-Katastrophe in Haiti, das Unglück während der Love-Parade in Duisburg und im Fernsehen wurde die Frage nach einer Steuersünder-CD diskutiert. Es war sehr kalt und an der Ostsee lag eine dichte Schneedecke. Martin war mit dem gepanzerten Auto seines Vaters auf dem Rückweg von einem Geschäftsessen am Timmendorfer Strand ins Hotel nach Lübeck. Der Vater blieb in Timmendorf und schickte seinen Sohn voraus. Die Fahrt war anstrengend und Martin kam nur sehr langsam voran. Er hatte erst gerade den Führerschein gemacht und war daher noch sehr unsicher, genoss dennoch den Fahrkomfort der gut geheizten und komfortabel ausgestatteten Limousine. Am Ortseingang von Lübeck geriet er in einen Stau und der eine oder andere Wagen rutschte auf den Seitenstreifen und konnte sich mit durchdrehenden Rädern nicht mehr selbst befreien. Martin beobachtete einige Fahrzeuge vor ihm, wie ein Mann nur mit einem Pullover und Jeans bekleideter Mann auf Halbschuhen durch den Schnee stampfte und frierend die Arme um sich schlug. Zwischenzeitlich drehte er sich halblinks in Richtung Fahrbahn und streckte die Hand mit dem nach oben gerichteten Daumen heraus. Aber die Fahrzeuge vor Martin hielten nicht an. Als Martin auf seiner Höhe war, konnte er im Schneegestöber kurz das Gesicht des Mannes erkennen. Ein bärtiges, hochrotes Gesicht sah ihn aus tiefliegenden Augen an und Martin tat der Mann sehr leid. Offensichtlich handelte es sich um einen Obdachlosen. Auch auf die Gefahr hin, dass er nicht wieder in den Rollmodus mit der Limousine geraten sollte, hielt Martin kurzerhand an und riss die Beifahrertür in Höhe des Mannes auf und lud ihn per Handbewegung ein, einzusteigen.

Am ganzen Körper zitternd und noch immer die Hände aneinanderreibend, schaute der Mann Martin an und stotterte mehrfach ein „Danke, vielen Dank!" hervor. Nach ein paar Minuten, als es Martin gelungen war, das Fahrzeug wieder in Gang zu bringen und mit maximal 25 Stundenkilometern sich der Fahrzeugkolonne anschließen konnte, fragte er den Mann, wie es möglich sei, dass er hier halbnackt auf der Straße sich der Kälte aussetze. Der Mann erzählte daraufhin, dass er erst seit acht Wochen obdachlos sei, weil er seine Miete nicht mehr bezahlen könne und seit einiger Zeit schon arbeitslos sei. Ihn habe das Wetter ebenso überrascht wie die Autofahrer und ein anderer Obdachloser habe ihm in der Nacht zuvor sein Fahrrad mit den letzten Habseligkeiten entwendet, woraufhin er sich entschlossen hatte, nach Lübeck zu trampen. Er sei eben noch nicht an so ein Leben gewöhnt und müsse sich in der Stadt ein Asyl suchen. Er wurde wie alle anderen vom harten Wintereinbruch überrascht und als es zu schneien angefangen habe, habe er sich zuerst eine Zeitlang in dem Vorraum einer Bank aufgehalten, wo die Kunden sich am Geldautomaten das Geld ziehen, sei aber nach zwei Stunden aufgefordert worden diesen Ort zu verlassen. Und so sei er losgelaufen, in der Hoffnung, dass ihn jemand mitnähme. Zu seinem Onkel nach Pinneberg wolle er, damit er erst mal wieder zu Kleidung und ein wenig Geld käme, denn der Onkel war zwar streng und misstrauisch, aber er habe ein gutes Herz. Martin steuerte die Limousine nun auf die Filiale eines Autovermieters zu und fragte den Obdachlosen, ob er einen Führerschein habe. Er könne ihm nicht wirklich helfen, aber er wolle ihm das Mietauto bezahlen, so dass er damit zu seinem Onkel fahren könne.

Soweit die Geschichte, die Martin Silvio bei ein paar Gläsern Rotwein zum Besten gegeben hatte. Bisher hatte er sich noch niemandem gegenüber, außer seiner Mutter natürlich, hinsichtlich seiner Herkunft geoutet. Das war nicht ungefährlich, weil man nie wissen kann, wie andere Menschen mit vertraulichen Informationen irgendwann einmal umgehen könnten. Aber Martin mochte Silvio und außerdem würden die beiden sehr wahrscheinlich auch nicht in Kontakt bleiben, da Silvios Auslandssemester bald zu Ende war und zurück nach Georgien musste, weit weg.

Martins Weg

Ein Jahr später, etwa zu der Zeit als Silvio in Georgien Safira kennenlernt, wünscht Clemens, dass Martin sein Studium abbricht, um im Unternehmen zu helfen, aber Martin verweigert den Dienst und will sein Studium unbedingt zu Ende bringen. Der Vater wirft ihm daraufhin Verrat, ja Feigheit, vor und droht ihm damit, dass er ihm Mittel für den Lebensunterhalt kürzen wolle. Martin aber betont gegenüber dem Vater, dass er sein Talent und Erbe, soweit er damit bedacht würde, nicht allein für sich und die Expansion der Firma verwenden wolle, sondern glaube, dass er angesichts der Macht- und Chancenlosigkeit vieler Menschen daran arbeiten wolle, dass alle Menschen am Wohlstand der Gesellschaft fairen Anteil erhalten sollten. Einerseits imponiert dem Vater diese Haltung, andererseits sieht er sein Vermächtnis in Gefahr. Eine Zeitlang lässt der Vater ihn daher nicht auf das Vermögen der Firma zugreifen und beobachtet sehr genau, wie er sich nach dem Studium im Unternehmen anstellt.

2011 lenkt der Vater ein und bietet ihm erneut eine Karriere im Unternehmen an und verspricht ihm, dass er den Zielen des Sohnes nicht im Wege stehen wolle. Er glaubt, dies auch der Mutter von Martin schuldig zu sein. Und er sieht, dass sein Sohn als ein durchaus begabter und gerechter Vorgesetzter angesehen wird, so dass er ihn mit vielfältigen Aufgaben betraut, damit er nicht auf dumme Gedanken kommt. Soweit der Stand, den Martin in einer e-Mail Silvio mitgeteilt hatte.

Nicht zuletzt war dem Vater auch die Geschichte mit dem Mietwagen für den Obdachlosen zu Ohren gekommen, von der eine Lokalzeitung berichtet hatte und erkannte, dass Martin auch außerhalb des Betriebes, insbesondere bei den weniger Wohlhabenden in der Gesellschaft ein hohes Ansehen genoss.

Ingrid

Im Alter von 17 Jahren war wohl Martins umtriebigste und, zumindest die Sommer betreffend, schönste Zeit. In der Schule kam er leicht zurecht und war ein guter Sportler im Verein. Schützenfeste, Zeltlager, Jahrmärkte waren immer Gelegenheiten, bei denen es oft sehr spät wurde, besonders als er die ersten Mädchenfreundschaften schloss. Nun war Martin auch kein unattraktiver, junger Mann und so genoss er natürlich die Aufmerksamkeit mancher Mädchen und fand sich schnell bestätigt und staunte etwas über seine „Eroberungen".

Als er seinen Führerschein hatte und die ersten Male tanken musste, lernte er Ingrid kennen; sie war etwas älter, ein oder zwei Jahre, und sie arbeitete in den Ferien bei ihrem Onkel an der Kasse einer Aral-Tankstelle, die gibt's heute nicht mehr. Da kamen sie irgendwie kurz ins Gespräch und er traf sie scheinbar zufällig auf dem Jahrmarkt abends wieder.

Ingrid hatte etwas sehr Natürliches, Unverkrampftes an sich. Sie kam aus einem Dorf etwa 45 Kilometer nördlich, in Schleswig-Holstein. Die beiden fanden schnell so unendlich viel Gesprächsstoff und konnten einander gut zuhören und saßen dann schon mal länger abends in der Kneipe und tranken Bier. Sie klebten regelrecht aneinander, knutschten, was das Zeug hält und es war den beiden vollkommen unwichtig, ob jemand zusah. Sie begleitete Martin spät nachts nach Hause und sie standen dann noch lange in einer Gasse oder Hausecke eng beieinander, fummelten, knutschten konnten nicht voneinander lassen. Martin genoss es auch, dass sie meist keinen BH anhatte und seine Hände gern walten ließ. Gleichzeitig wagte sie sich auch an seinen Schritt und streichelte das, was in ihm drängte.

Sie besuchte ihn später des Öfteren zu Hause in seiner „Bude", wie er das Zimmer nannte. Einmal war er mit dem petting soweit, dass er ihre feuchte Ritze erspürte. Als er dann das Bändchen vom Tampon ertastete und ganz befremdet fragte, was das denn sei und sie ihm erklärte, dass sie ihre Regelblutung habe und der deswegen da sei, war es mit weiteren Vordringversuchen natürlich vorbei und Ingrid wusste sofort, dass er noch „unschuldig" war.

Martin war auf Grund seiner Erziehung und „Aufklärung" immer ziemlich zurückhaltend und vorsichtig mit den Mädels. Er hatte auch gehörigen Respekt vor möglicher Verantwortung und bewunderte seinen Mitspieler in der Fußball-Mannschaft, der schon während der Gymnasialzeit ein Mädchen geschwängert hatte und bereits als etwa 18-Jähriger Vater geworden war.

Nach den Ferien war dann erst mal Ruhe, aber sie telefonierten manchmal und schrieben sich Briefe. Sie lud ihn im folgenden Sommer zum Baggersee in der Nähe ihres Dorfes ein. Sie liebte es, ihm Mitesser am Rücken auszudrücken. Leider ging die Beziehung dann doch irgendwann nach ein paar Briefwechseln zu Ende. Ein paar Jahre später, Martin war schon in Hamburg, hatte sie noch einmal angerufen, musste aber frustriert feststellen, dass er in einer anderen Beziehung war, die allerdings auch nach ein paar Monaten auseinanderging. Gerne dachte er an Ingrid zurück, sie war eine sehr schöne Erfahrung und Bereicherung seiner Jugend. Würde er ihr noch einmal begegnen, er würde schwach werden, sicherlich.

Aber bei aller Verführkunst und Attraktivität; er findet die nicht, die ihm mehr gibt. Dieses „Mehr" weiß er nicht zu benennen, kann es stets nur falsifizieren nach jedem Abenteuer. Die Lust befriedigt, aber nicht die Leere in ihm gefüllt, so geht er wie ein Märchenprinz in die Welt hinaus.

Martins Erbe

Als der Vater schließlich 2015 überraschend an einer Lungenembolie verstirbt, wird Martin mit einem großen Vermögen aus dem Erbe des Unternehmers belohnt. Viele in der Unternehmerfamilie werden von der Großzügigkeit des Unternehmers überrascht, gleichwohl sehen sie auch die durchaus väterlich erscheinende Zuwendung zu dem talentierten Praktikanten, der sich im Unternehmen neben und nach dem Studium hervorgearbeitet hat. Martin wiederum verlässt gegen alle Erwartungen das Unternehmen und setzt von da an ein Großteils seines Vermögens für eine Stiftung ein, die sich für die Einführung eines bedingungslosen Grundeinkommens stark macht und zieht sich auf einen Bauernhof in der Nähe von Osnabrück zurück, wo er ein kinderloses Ehepaar dabei unterstützt einen Bioladen zu führen.

Die gesamte Haltung von Martin und sein selbstbewusster Umgang im Betrieb und das standing gegenüber dem Vater hatte nachhaltigen Eindruck auf Silvio hinterlassen und er hoffte ihn in Deutschland wieder besuchen zu können und auf seine Hilfe vertrauen zu können.

Drohnenumweg

Was nun Safira nicht mehr in Erfahrung bringen konnte und wovon ich über den Umweg des Zeitensprungs Kunde erhielt, war, dass auch Martins Weg vom Schicksal bereitet wurde, um am Ende mit meinem Seelenkern wieder zusammen zu treffen. Der Leser mag nun irritiert sein, muss aber um Nachsicht und Geduld gebeten werden. Denn viele Wege führen bekanntlich nach Rom und so bin ich auch einem gefolgt. In ferner Zukunft kamen die folgenden Episoden meinem Seelenkern zur Kenntnis.

Folgen wir zunächst also Martin:

Martin hatte sich viel mit Philosophie und Geschichte beschäftigt, unendlich viel gelesen, nicht alles verstanden, aber er hatte oft Antworten auf seine Fragen nach dem Sinn des Lebens gefunden. Auch die Geschichten in den Texten der Bibel hatte er nach Erklärungen für das Weltgetriebe gesucht und vielen verschiedenen Exegesen von Gestalten im Zuge der christlichen Tradition hatte er Aufmerksamkeit geschenkt; darunter auch die Geschichte des Nikolaus.

Und er wollte versuchen sie so zu dechiffrieren, dass es auch in die heutige, aufgeklärte Zeit passt; also ohne Wunder, ohne Aberglauben oder übersteigerter Verklärung. Vor allem möchte er das herauslassen, was eigentlich unerklärbar und unaussprechlich ist und dennoch immer wieder namentlich missbraucht wird: Gott. „Gott" ist ein Name für das, was sich die Menschen nicht erklären können. Es macht uns das Erklären leichter. Einen Namen zu haben für das, was eigentlich namenlos ist, ist wie eine Krücke beim Gehen, wenn man sie gar nicht braucht!

Nikolaus nämlich lebte in der Stadt Myra, in der heutigen Türkei und entstammte einer wohlhabenden Familie, die sich zum christlichen Glauben bekannte. Als er zum Bischof der Stadt berufen wurde, verschenkte er seinen bereits vor seinem Bischofsamt ererbten Reichtum an Bedürftige. Die berühmteste Legende, die man sich später von ihm erzählte, handelt davon, dass er einem Vater von drei Töchtern helfen wollte. Martin konnte sich irgendwie selbst darin wiederfinden; zwar ohne einen Gottesbezug, aber was die Moral und den Werdegang anbetraf. Auch er erbt und verschenkt sozusagen Geld an Bedürftige.

Nikolaus hatte der Legende nach davon gehört, dass der Vater der drei Töchter verarmt war und als Witwer die drei Mädchen allein aufziehen musste, aber als sie ins heiratsfähige Alter kamen, fanden sie keine Ehepartner, da er nicht genügend besaß, um ihre Mitgift zu bezahlen. Schließlich wurde der Vater auch noch krank. Die Mädchen fanden auch keine Anstellung und der Vater war kaum in der Lage, sie zu ernähren oder zu kleiden. In dieser Not blieb ihm scheinbar nichts anderes übrig, als seine Töchter als Dirnen zu verkaufen.

Als Nikolaus davon erfuhr, wollte er umgehend helfen und da er ja reichlich geerbt hatte, wollte er die drei Töchter mit genügend Kapital ausstatten, so dass sie für potentielle Ehemänner zu einer attraktiven Partie werden konnten, damit sie nicht zu Handlungen gezwungen waren, die sie für sich selbst gar nicht wollten. Ihm war aber auch wichtig, dass niemand erfuhr, von wem die Mädchen den unerwarteten Geldsegen erhalten hatten, damit nicht auch Unbedürftige sich an ihn wenden und an seinem Reichtum teilhaben wollten oder Neid gegenüber der Familie aufkam. Daher beschloss er der Familie zu helfen.

In der Nacht trat er heimlich an das geöffnete Fenster, hinter dem die drei Mädchen tief und fest schliefen. Vorsichtig warf er drei

Goldklumpen hinein. Sie hatten die Form von Äpfeln. Um nicht erkannt und entdeckt zu werden und die Mädchen nicht zu wecken, schlich Nikolaus sich leise wieder davon. Am nächsten Morgen entdeckte die jüngste Tochter die reiche Gabe und weckte sogleich ihren Vater und ihre beiden Schwestern. Die Erleichterung der Familie war groß und die Not der drei Mädchen schlagartig beendet und ihr Vater konnte seinen Töchtern nun eine reiche Aussteuer mitgeben.

Nikolaus heute

Wie schon 2011 in Braunschweig ein Unbekannter 500-Euro-Scheine verschenkt hatte, hatte auch 2018 in Cuxhaven ein Unbekannter drei Cuxhavener Vereinen Goldbarren geschenkt. Die beiden Barren zu je 250 Gramm hatten jeweils einen Wert von 17.223 Euro. „Dies ist eine Spende zur freien Verfügung für den Verein", und: „Zur Unterstützung dieser wichtigen Aufgabe. Viel Freude damit und fröhliche Weihnachten". Dies stand in dem Begleitschreiben.

Der Heilige Nikolaus wird jedes Jahr am 6. Dezember gefeiert. Dazu werden Kinder in der Nacht vom 5. auf den 6. Dezember beschenkt, indem ihnen Süßigkeiten oder kleine Geschenke in bereitgestellte Stiefel gelegt werden. Diese Sitte soll an den historischen Nikolaus erinnern und hat mit der ursprünglichen Absicht nicht mehr sehr viel zu tun, nämlich unverschuldet von Hilfe Bedürftigen dadurch zu helfen, dass ihnen ein würdevolles Leben ohne Sünde möglich wird. Auf heute übertragen könnte es vielleicht bedeuten, dass wohlhabende Menschen sich heute dafür dankbar zeigen, dass sie so viel an Vermögen geerbt oder an Besitz angehäuft haben, dass es ihnen möglich ist, Menschen, die unverschuldet in Not geraten sind und zu einem vielleicht kriminellen Leben oder zur Prostitution gezwungen sein könnten, so zu helfen, dass nicht nur die Not beseitigt ist, sondern sie auch im Guten und von potentiellen Geizhälsen unbehelligt und unverfolgt weiter leben können.

So gesehen ist „Nikolaus" eigentlich ein Akt „Vermögender" aus Dankbarkeit, damit Menschen beziehungsweise Kinder, die aus eigener Kraft nicht rechtschaffen leben können, sich selbst gegenüber und der Gesellschaft gegenüber, kein wohlgefälliges Leben führen können. Man kann es auch Chancengleichheit nennen oder Entwicklungshilfe, eine Hilfe also, die den Kindern hilft, sich so zu entwickeln, dass sie ein (gott)gefälliges Leben führen und ihre Talente entwickeln können.

Die Süßigkeiten stehen da sozusagen symbolisch für die Hoffnung der Eltern, dass ihre Zöglinge gelingen mögen. Ist es am Ende nicht sogar der Appell, dass Reiche sich bereit erklären, dafür zu sorgen, dass niemand gezwungen ist, auf ungebührliche oder kriminelle Weise überleben zu müssen?

Man könnte hier an eine bedarfsgerechte Bezahlung im Niedriglohnsektor denken, die ausreicht, dass jeder Mensch ein menschenwürdiges Leben führen kann. Dass er stets seine Grundbedürfnisse so befriedigen kann, dass er nicht in Not gerät und aus solcher Not heraus zu menschenunwürdigem Verhalten gezwungen ist.

Was sind unabdingbare Grundbedürfnisse und was muss getan werden, damit diese befriedigt werden können? Aber auch die Frage, was unwürdiges Verhalten (Prostitution, Zuhälterei, Diebstahl, Betteln, Leiden, etc.) verhindern kann, gilt es zu klären. Dies sind also profunde Gerechtigkeitsfragen. Und Nikolaus will zeigen, wie dies bewerkstelligt werden, kann, nämlich durch Schenken und Teilen.

Was braucht eine Pflanze, um zu gedeihen?
Was braucht ein Kind, um ein guter Mensch zu werden?

Solche Fragen können zum Nachdenken anregen. Denn deutlich wird, dass Nikolaus eben nicht alle beschenkt, sondern gezielt Menschen, die akut bedürftig sind. Welche Bedürftigkeit haben wir von Geburt an? Kinder brauchen die Liebe ihrer Eltern, ohne dass sie eine Gegenleistung erbringen müssen!

Und etwas schenken, ohne dafür eine Gegenleistung zu erwarten, denn dann wäre es kein Schenken mehr, ist Ausdruck dafür, wenn man liebt.

Kinder zum Beispiel bedürfen der Fürsorge, der Liebe und der Befriedigung solcher Bedürfnisse, die sie selbst nicht ohne Hilfe und ohne Eltern sicherstellen können. Es muss ihnen „geschenkt" werden, eben weil sie abhängig sind und ihren Lebensunterhalt (noch) nicht sicherstellen können und auf solche Geschenke immer wieder angewiesen sind. Es ist ein Geben, ohne eine Gegenleistung zu erwarten.

Aber auch „Mundraub" fällt mir ein! Damit jemand nicht Brot stehlen muss oder gezwungen ist etwas zu tun, was er nicht will, muss er in der Lage sein, es zu kaufen oder Nein zu einer unzumutbaren Herausforderung sagen zu können. Ist er also „erwerbslos", braucht er die freiwillige Gabe derjenigen, die genug haben. Nur so kann er würdig leben und seine Talente entwickeln. Gesamtgesellschaftlich wäre das so etwas wie das bedingungslose Grundeinkommen. Dadurch können die Grundrechte und -bedürfnisse befriedigt werden und man ist nicht gezwungen Unrechtes zu tun!

Für kleine Kinder wird allein die Erfahrung des Beschenktwerdens, dass noch hinter dem Urvertrauen durch die Eltern aufscheint, für sich entwicklungspsychologisch wichtig sein. Sie machen die Erfahrung, dass jenseits von Mutter und Vater in der Symbolfigur Nikolaus Zukunftsvertrauen liegt, dass da noch mehr ist, was das Leben lebenswert macht und lohnt, sich anzustrengen.

Die Nikolaus-Geschichte gab Martin das Gefühl, dass er sich auf dem richtigen Weg befand und das befriedigte ihn ungemein. Auch er wollte in seinem Leben Gutes tun und anderen die richtige Hilfe geben.

Er liebte das einfache, selbst gewählte Leben am Fuße des Wiehengebirges. Er konnte, unbeschwert und von finanziellen Sorgen befreit, das tun, was für ihn Sinn ergab und was ihm täglich die Ruhe gab, die ihm ausreichend Schlaf schenkte und genügend Energie gab. Selbst in alltäglichen Routinetätigkeiten, wie Abwaschen, Kochen, Putzen und Flur fegen empfand er die sonderliche Verbundenheit mit dem Hier und Jetzt, ein Fließen, unangetrieben von Forderungen anderer Menschen, sondern einfach dem gerade Nötigen folgend, konnte er sich immer wieder fallen lassen und Zeit vergessen. Und dennoch verfolgte er konsequent seine Anliegen und Ziele.

Er war von dem älteren, so unbekümmerten Pärchen, wie ein verlorener Sohn aufgenommen worden. Nach einer Beschäftigung als „Gehilfe" mit ortsnaher Unterkunft hatte er gesucht und ein paar Inserate in verschiedenen Lokalblättern aufgegeben. Und tatsächlich meldete sich 2017 ein Johann Probst aus Neuenkirchen bei Melle, der eine kleine Wohnung mit Balkon auf einem alten Bauernhof anbieten konnte und um eine persönliche Vorstellung bat.

Martin war sofort begeistert von dem Hof und noch mehr von den beiden kinderlosen Alten, sagte sogleich zu, die Wohnung bald beziehen zu wollen, allerdings müsse er noch in Hamburg ein paar Dinge regeln und wohnte nur zeitweilig ein paar Wochen dort, wo die beiden Alten und er sich immer vertrauter wurden und ihn bald wie einen Sohn behandelten. 2018 zog er dann endgültig zu den Alten und staunte, dass die Alten nun scheinbar auch eine „Tochter" aufgenommen hatten.

Der Flüchtlingsmarsch

Vielleicht war es Silvios trauriger Blick, der Safira im Seminar ge-
fangen nahm. Safira träumte ebenso wie Silvio vom Westen, von
Deutschland. Und Silvio, aufgrund seiner Erfahrungen im Gefäng-
nis, desillisioniert vom georgischen Staat, konnte ihr gut folgen,
wenn sie von dem sozialen Netz, der Demokratie in Deutschland
und nicht zuletzt von der Aufnahmebereitschaft für Flüchtlinge
schwärmte. So beschlossen sie nach nächtelangen Diskussionen
abzuhauen und zu versuchen in Deutschland Asyl zu beantragen.
Als seine Frau würde sie mit ihm gehen, versprach er Safira.

Die Strapazen der Flucht über das Schwarze Meer und durch die
Türkei noch in den Knochen, waren sie mit Flüchtlingen aus Af-
ghanistan, Irak, Syrien und etlichen Afrikanern vor Samos mit in
das Schlauchboot gestiegen. Ein Großteil ihres Bargeldes war für
die Schleppergebühren drauf gegangen. Und nun, vom Meer an
die griechische Küste gespült, hat sie mit Silvio, nicht nur ihre ers-
te große Liebe, sondern auch den Asylgrund verloren. Mit einem
Teil des Restgeldes von fast 3500,- Euro kauft sie sich schließlich
einen Outdoorrucksack, ein kleines Zelt, Schlafsack und Isomatte
und etwas wärmende Kleidung und einen kleinen Gaskocher und
marschiert los, wie es vor fast fünfzig Jahren ihre Mutter in umge-
kehrter Richtung getan hatte. Dabei sieht sie gar nicht aus wie ein
Flüchtling, sondern eher wie eine trampende Touristin aus Europa.
Und mit ihrem Handy in der Hand, fotografierend, nimmt kaum
jemand Notiz von der jungen Frau.

Zwischenzeitlich schließt sie sich dem großen Flüchtlingstreck an,
der über die westliche Balkanroute über Albanien, Serbien, Kroati-
en und Slowenien vor die österreichische Grenze führt. Dort dreht
sie aber ab in Richtung Westen. So gelingt es ihr unter Zuhilfenah-
me des Internets und Google Maps eine Route abseits der großen
Straßen und Städte zu finden. Eine wochenlange Route

durch verlassene Landschaften und durch Wälder beginnt und sie folgt schließlich dem Lauf des Flüsschens Nadiza bis Podbela, wo sie abseits eines Campingplatzes ihr Zelt für zwei Nächte aufstellt. Am dritten Tag dann bricht sie auf und folgt Wanderwegen, teils an der Nadiza entlang, überquert dabei die Grenze und kommt nach fast acht Stunden Wanderung im italienischen Pulfero an. In Italien meidet sie die großen Städte und weiß stets, Barrieren zu umgehen. Fast 11 Kilogramm hat sie an Gewicht verloren, dafür an Muskulatur und Ausdauer gewonnen.

In der Lombardei trifft sie schließlich am Rande eines Waldgebiets auf Baracken mit Flüchtlingen, die bei Landwirten als Erntehelfer ihr Überleben sichern. Auch Safiras Finanzreserven sind immer mehr zur Neige gegangen und so beschließt sie, sich den anderen an und hilft bei der Spargel- und Erdbeerernte bis sie schließlich im Hochsommer 2016 am Vesuv bei der Tomatenernte schuftet.

Die nächste Flucht

Nach den offensichtlichen Avancen des Vorabeiters packt Safira nach Feierabend ihren Rucksack, schleicht sich während des Abendessens der anderen aus der Baracke und macht sich vor Sonnenuntergang auf den Weg gen Norden. „Wer nicht wagt, kann nicht gewinnen", sagt sie sich, und setzt ihre volle Konzentration darauf, einen Schritt vor den anderen zu setzen, bis sie wieder im *flow* ist.

Es ist Sommer, da kann sie viele Nächte im Freien überbrücken. Ihr größtes Problem ist die Nahrungssuche. Nach Sonnenuntergang schleicht sie sich im Schutz der Dunkelheit an den Container des Supermarktes, um mit ein paar Obdachlosen nach Essbarem zu suchen. Sie meidet andere Menschen, weil sie nicht weiß, welche Begierde sie weckt, besonders beim anderen Geschlecht.

Im Schatten eines Baumes verbringt sie die Nacht und quält sich schließlich in den Schlafsack. Das leise Rauschen des nahe gelegenen Baches lässt sie bald einschlafen. Das Vogelgezwitscher weckt sie schließlich. Sie wäscht sich mit einem der beiden Waschlappen, den sie sich später zum Kühlen in den Nacken legt, am Bach und setzt ihre Wanderung fort. „Weiter, immer weiter!" denkt sie. Sie hat zunächst kein konkretes Ziel. Nur weg! Richtung Norden, nach Deutschland soll es gehen, auch ohne Asylgrund. Irgendwann wird es klappen. Irgendwo wird es da Menschen geben, die nichts von ihr wollen, bei denen sie bleiben kann, ohne Ausbeutung, ohne Gewalt, ohne Missbrauch, denkt sie, hofft sie. Solche Menschen wird es geben, muss es auch geben, aber man muss sie finden. Mit ein bisschen Glück!

Nach einigen Wochen passiert sie, immer der Mittelmeerküste folgend, die italienisch-französische Grenze. Ohne das zwar dürftige, aber regelmäßige Barackenessen verliert sie weiter an Gewicht, mittlerweile hager, fast dürr sieht sie aus. Zu selten sieht sie sich im Spiegel und erschrickt daher schließlich, als sie sich nach einiger Zeit auf einem Bahnhofsklo irgendwo vor Nizza darin wiedererkennt. Vor allen Dingen die Vitamine und Kalorien der Fleischbestandteile des Essens fehlen ihr.

Manchmal nutzt sie schlecht einsehbare Ecken von Campingplätzen und deren Sanitäranlagen, verschwindet in den frühen Morgenstunden, bevor Kontrolleure sie entdecken und abkassieren wollen. Sie vermeidet das Zeltaufschlagen zwischen anderen, sondern sucht immer das Plätzchen am Rande, von wo sie nur in eine Richtung ihren wachsamen Blick richten muss. Sie muss es schaffen vor dem Winter in eine trockene und warme Unterkunft mit ausreichend Kalorienzufuhr zu gelangen. Von einer französisch aussehenden, jungen Frau mit Rucksack ist sie äußerlich kaum zu unterscheiden. Sie wird mutiger und betritt Orte, in denen sie mit dem Containern der Supermärkte auch mehr auf andere Menschen trifft, die ihr in gebrochenem Englisch Tipps geben, wo sie unbemerkt unterkommen kann, denn die ersten Herbsttage lassen kältere Nächte folgen.

Das Fahrrad

An einem späten Augustabend, kurz vor Toresschluss eines Super-
marktes in Frejus sieht sie ein Trekkingrad, unabgeschlossen an
der Seitenwand des Supermarktes angelehnt. Sie packt kurzerhand
ihren Campingkram auf den Gepäckträger, schnürt den Rucksack
auf den Rücken und radelt los, schaut sich nicht um, tritt in die
Pedale, mit der linken Hand nach hinten ausgestreckt die Gepäck-
ladung sichernd, so lange bis ihr das Schambein schmerzt. Der Ta-
cho des Rades zeigt ihr die Stundenkilometer und die gefahrenen
Kilometer an. Sie freut sich, dass sie nun viel rascher vorankommt.
Zweiundzwanzig Kilometer ist sie schon unterwegs in nur ein und
einer halben Stunde. Das motiviert, lässt den Schmerz vergessen.

Wieder sieht sie aus wie eine ganz normale Rucksacktouristin. In
Dragignan füllt sie ihre Wasserflaschen auf. Mit ihrem Schuleng-
lisch kommt sie erstaunlich gut zurecht. Fast immer trifft sie junge
Franzosen, die sie verstehen. Nach weiteren zwanzig Tagen, meist
entlang der Saone, bleibt sie in der Nähe zwischen Macon und Di-
jon ein paar Nächte völlig erschöpft auf einem Campingplatz. Ein
älteres Ehepaar mit e-Bikes leiht ihr die Hubpumpe, um die Reifen
des Fahrrades aufzupumpen und einen Schraubschlüssel mit dem
sie den Sattel etwas höherstellen kann. Nur noch 805,- Euro hat sie
im Portemonnaie und an in der Innentasche ihres breiten Gürtels,
das muss mindestens bis Deutschland reichen. Aber sie nutzt die
letzten warmen Tage aus und gönnt sich die Ruhe, studiert eif-
rig Routen mittels App auf dem Display ihres Smartphones. Zwi-
schendurch immer wieder Besuche in Bäckereien, wo sie einen Kaf-
fee trinkt und lange sitzen bleibt, bis der Akku des Handys wieder
vollgeladen ist. Oder sie überbrückt die Wartezeit mit ausgiebigem
Duschen und Waschen in der Toilettenanlage des Campingplatzes.
Nach weiteren acht Tagen ist sie in Metz und folgt der Mosel bis
Trier, endlich im geliebten Deutschland angekommen. Es grenzt
an ein Wunder, dass sie es geschafft hat, die Grenzen in Europa zu

überwinden und dass sie nie in behördliche Kontrollen geriet und dabei nach ihrem Pass gefragt wurde.

Deutschland

Es ist der 28. September 2016. Sie weiß, dass sie keine Chance auf Asyl in Deutschland hat. Aber sie will nach all dem, was sie durchgemacht und geschafft hat, auf gar keinen Fall zurück nach Georgien. Dort hat sie keine Zukunft, hat sich nie wirklich heimisch gefühlt, hatte sich immer wieder in eine Ecke der väterlichen Bibliothek verzogen und gelesen. Ungern erinnert sie sich an die Hänseleien in der Schule wegen ihrer italienischen Mutter, der Dienstmagd des Rechtsanwaltssohns und den misstrauischen Blicken der Kommilitonen, wegen ihrer Deutschkurse, aber auch der neidischen Blicke der anderen Mädchen wegen ihrer Liäson mit Silvio. Die oft grobe Art der Russen und Georgier im Umgang mit Andersdenkenden und das Sichgehenlassen beim Trinken von Hochprozentigem, aber auch Silvios Schilderungen von seinen Wochen im Gefängnis und die insgesamt fragile Lage dort im Kaukasus lassen sie schaudern und entflammen ihre Fernsucht nur mehr.

Will sie in Deutschland bleiben, muss sie die Sprache noch besser sprechen lernen, untertauchen und doch irgendwie zu Geld kommen, damit sie trocken und warm untergekommen, von deutschen Behörden und Administration unbemerkt, hier leben kann. Eine Quadratur des Kreises gewissermaßen. Vielleicht kann sie irgendwann einmal studieren, die Originalkopien ihrer Zeugnisse und Abschlüsse hat sie auf einem Stick und in e-Mail-Anhängen im Sendepostfach. Aber erst muss sie die Sprache beherrschen, das ist klar. Wo lernt man die Sprache am besten? Im alltäglichen Gebrauch! Sie muss Menschen treffen, die bereit sind sie aufzunehmen und notfalls zu verstecken. Das heißt jetzt wohl, nicht weiter Begegnungen ausweichen und Orte umfahren, sondern vorsichtig Kontakte knüpfen.

Kann das unter den gegebenen, politischen und administrativen Verhältnissen wirklich gelingen? Denke ich und folge ihren Gedanken: Es gehört Glück dazu und Mut, aber auch eine hohe Frusttoleranz, wenn es zu Problemen kommt, wenn sie aufgegriffen oder verraten wird. Sie hatte keine Beziehungen, kennt niemanden, der sie protegieren kann oder will. Trotzdem wird sie es versuchen, das ist sie Silvio schuldig. Sie wird nie aufgeben. Sie ist stark, klug, intelligent, gutaussehend, hinreichend gebildet und kreativ. Sie wird es schaffen!

Woher die Distanz?

Während ich all das hier aufschreibe, bemerke ich sie – die Distanz. Wie eine Drohne schwebe ich weiter über Safira, mit Fühlern, kenne ihr Leben und weiß, wie sie denkt. Aber ich bleibe nüchtern auf Distanz, gebe mich nicht den Gefühlen hin, die sie hat, lasse den Leser nicht eindringen in die letzten Gedanken des Seelenkerns. Wie ist unser Seelenkern so geworden? Wie, besser: warum bleibt mein Innerstes auf Distanz zum Leser, lässt nicht zu, dass zu Intimes, Fehlerbehaftetes, eben Schwächen ans Licht gezogen werden? Hat im Laufe der Phylogenese unsere Sozialisation die Seelenkerne derart ihren Stempel aufgedrückt, dass sie sich nicht trauen, gänzlich erkannt zu werden? Schämen wir uns unserer Nacktheit wie Adam und Eva es taten? Zu viel Nähe birgt Verletzlichkeit und Verletzungsfolgen. Offenheit und Ehrlichkeit fordert den anderen heraus. Heraus wozu? Ein Mehr zu verlangen, zu erwarten als der andere gerade geben kann oder will?

„Vorauseilendes Schuldgefühl" will ich es nennen. Die enttäuschte Erwartung bei mir ruft vielleicht Trauer oder Wut hervor. Und schon bin ich schuldig! Schuldig der Gefühle, die mich treiben. Schuldig der andere, der den Erwartungen nicht entspricht. Mussten wir denn einmal keinen Erwartungen entsprechen? Nein, wir hatten sie nicht und niemand anderes erwartete etwas von uns. Keine Schönheit, kein Erfolg, keine Leistung, nichts. Wir konnten so sein, wie wir waren; das war das Paradies. Erst als das System „Gott" benannt und in die Welt gebracht wurde, wurden wir automatisch schuldig. Schon Meister Eckhard sagt: „Du sollst auch nichts verstehen unter Gott, denn Gott ist über allem Verstehen."

Die bedingungslose Liebe wurde plötzlich von ihm, durch Verwendung dieses Systems, aufgebracht. Schon die erste Erwartung, ein Gebot zu befolgen, machte ihn zum Nicht-Gott, hat ihn also aufgehoben. Eigentlich war schon hier Schluss, aber der Mensch brauchte die Vorstellung weiter von ihm wie eine Art Katalysator, um das Uner-Klärliche verstehen zu können. So wie Kirchenverantwortliche immer noch versuchen das Unerklärbare zu erklären oder zumindest zu verstehen, ist schlichtweg nicht zeitgemäß. Und ein aufgeklärter und empathischer Geist wird Sinn und Verstand in den biblischen Geschichten finden, ohne dass er dazu einen ominösen Herrn unterbringen muss, mit dem in der überlieferten Form sich kaum noch jemand verbunden fühlt. Auch Atheisten und Mitglieder anderer Religionen können die Geschichten verstehen und müssen dazu nicht an Gott oder gar ein Jenseits glauben, wenn sie doch ganz einfach nur glauben an, und hoffen auf, Gerechtigkeit und Trost, auf Frieden und Solidarität oder Mitgefühl, auf Teilhabe und Selbstbestimmung.

Unsere Gefühle aber mussten versteckt bleiben, duldeten keine Nacktheit. Und er sah sie doch, hatte sein Auge im anderen Menschen. Da war der Neid des Kain auf Abel, die Furcht des Jakob vor Esau, die Angst vor dem unberechenbaren Zorn eines jeden anderen. Verschlossen gehalten und doch immer wieder Bahn brechend, wie Gewitterblitze aufleuchtend, die treffen können – auch ohne Schuld.

Was kann ich sehen, wahrnehmen, gedankenfolgend? Eine Frau mit Sehnsüchten, Gefühlen und Bedürfnissen, die oft unerfüllt bleiben (müssen), die aber nie aufgibt, nie ankommt, wie Sisyphos. Immer wieder rollt der Stein der Erwartung zurück vom Berg der Hoffnung, wird dennoch neu heraufgerollt.

Eine Frau, die fortgeboren ist aus Menschenseele, die weiß, dass immer „etwas" unerfüllbar bleibt, weil schon die Erfüllenserwartung schuld ist. Kann ihr Seelenkern zurückfinden ins Paradies, wo niemand etwas erwartet?

Pandemien

Leider wird das Bild schwächer. Wie durch wabernde Rauchwolken hindurch kann ich sie nur noch schemenhaft wahrnehmen und doch, - gerade so neugierig geworden, wie es weitergeht -, verblasst die Szene nun gänzlich. Aber ich kehre noch nicht zurück vom Drohnenflug. Muss mich erst wieder lösen von meinen Gedanken da oben.

Plötzlich lichtet sich das Bild wieder und ich kann sie wiedererkennen, Jahre später. Sie trägt ein Kind auf dem Arm, hat eine futuristisch anmutende Maske vor Mund und Nase und rührt mit einer Schöpfkelle in einem großen Kochtopf.

Fast zwölf Jahre später, Herbst 2028. Die Grenzen sind dicht, niemand kommt mehr ohne triftigen Grund rein, aber auch nicht raus. Schluss ist erst mal mit Globalisierung und grenzenloser Reise-Freiheit. Mutierte Grippe- und Corona-Viren haben die Welt überzogen, viele Menschen, vor allem fast alle älteren Menschen in den größeren Städten sind gestorben, müssen nicht mehr geschützt, aber auch nicht mehr versorgt werden. Im November 2020 hatten in Dänemark Nerze Mutation des Covid-19-Virus gezeigt und wurden sofort landesweit getötet.

Im Frühjahr 2021 traten dann plötzlich erneut Mutationen auf, hervorgerufen möglicherweise durch die ersten Impfungen von Schlachthofmitarbeitern, die beim Antransport von Kühen und Schweinen mit diesen in Kontakt kamen. Aber auch mutierte Formen des Chapare-Virus und des Mers-Virus zogen weite Kreise. Schließlich, in 2024/25 bekamen die Mediziner immer größere Schwierigkeiten wirksame Antibiotika gegen mutierte, multiresistente Staphylokokken zu entwickeln. Erst das erweiterte Screening konnte zumindest verhindern, dass durch Folgemaßnahmen eine stärkere Ausbreitung verhindert wurde. Und erst 2027 schafften es südkoreanische Wissenschaftler ein neues Antibiotikum zu entwickeln.

In Deutschland sind von einstmals 82 Millionen Menschen fast neun Millionen in sieben Jahren verstorben. Das schaffte Platz und förderte Distanz. Teilweise wurden sie in Massengräbern oder verbrannt und in Urnenhäusern bestattet. Zunächst kam es zu Massenarbeitslosigkeit und es blieb nichts anderes übrig als an noch bestehende Finanztöpfe heranzugehen. Nach der Einführung des Grundeinkommens und einem spürbaren Abbau der Bürokratie kam es zu vielfältigen Neuerungen und Kreativlösungen aus der Bevölkerung.

Reisebeschränkungen sind nun an der Tagesordnung, den Behörden sind Herkunft und Pässe egal. Immer wieder finden meist junge Menschen aus dem Ausland einen Weg über die Grenzen. Fremde Personen, auch Nichtdeutsche, werden geduldet. Es wird nach keinem Asylgrund gefragt. Nur Gesundheitsdaten sind wichtig; sind sie symptomfrei oder gar geimpft. Man braucht sie als Arbeitskräfte für die Tätigkeiten, die Maschinen und Roboter nicht erledigen können. Pflege zum Beispiel. Aber ganz allmählich stabilisiert sich das System, erstmals steigt wieder die Zahl der Neugeburten.

In dem Spagat zwischen lebensnotwendiger Distanz und dem Bedürfnis nach vertrauter Nähe wächst die Bereitschaft sich an Regeln zu halten. Familien wachsen zusammen, Freundschaften zwar seltener geschlossen, aber die bestehenden besser gepflegt.

Viele reiche und einflussreiche Personen haben sich eingerichtet und verbarrikadiert, das Militär vereinnahmt. Aber das Leben läuft weiter, die Lebensmittelversorgung klappt, wenngleich viele zusätzlich zu Selbstversorgern geworden sind und so die Lebensmittelerzeugung nicht in die Überproduktion führen musste. Wo früher Trampoline standen und Grasflächen von benzinbetriebenen Rasenmähern bearbeitet wurden, auf denen fast nie ein Kind zu sehen war, stehen nun Hühnerställe, Misthaufen und Gemüsebeete. Es gibt eine Stadtflucht, man sucht im Umland der großen Städte unterzukommen, möglichst wenig Kontakte, autarkes Leben ist angesagt. Des Deutschen neues Hobby ist das Gärtnern.

Das einstmals üppige Wirtschaftsleben ist zum Erliegen gekommen. Dafür ist der CO_2-Ausstoss zurückgegangen, der Klimawandel scheint aufgehalten. Überall Kreativlösungen: Die kleinsten Flüsse werden genutzt, um Strom zu erzeugen mittels Turbinen, angeschlossen an Wasserrädern. Windräder, teilweise improvisiert, erinnern an Windmühlen aus dem Mittelalter. Jeder Flecken Erde dient dem Gemüse- und Obstanbau. Fleisch ist Luxusware, unendlich teuer. Die Menschen sind ärmer geworden, aber nur am Konsum. Was sie zum Leben brauchen, schaffen sie zu organisieren. Den Radius um ihr Haus, den sie erfahren müssen, um zur Arbeit, zur Schule oder zum Einkaufen zu kommen, können sie meist mit Fahrrädern erreichen. In den USA haben sich die Menschen verbarrikadiert, wer eine Waffe hat - und die haben viele dort – trägt sie offen. Vagabundierende Gruppen werden aus den Häusern heraus beschossen. Plünderer sofort erschossen.

Anders als in Amerika liegt in Europa das Waffenmonopol bei Polizei und Militär. Die Menschen verhandeln in gut moderierten Diskussionen ihre Not miteinander und finden fast immer tragbare Lösungen. Man spürt, dass man aufeinander, potentiell auf jeden anderen angewiesen ist oder irgendwann sein könnte.

Immerhin funktionieren die Schulen, und Kindergärten gibt es auch noch. Die Innenstädte sind großenteils verwaist, dafür fahren ständig Elektroautos Waren, Kranke und Schüler durch die Gegend. Kommunikation und Administration ist weitestgehend durch das Internet sichergestellt. Home-Office und home-schooling ist angesagt. Das Hotellerie- und Gastgewerbe hat unter den pandemischen Schüben besonders gelitten. Zwar gibt es noch Gaststätten, Restaurants und auch Hotels, aber sie müssen Auflagen erfüllen und so ist ihre Nutzung wegen der gestiegenen Kosten ein gewisser Luxus. Ein bereits in Aussicht stehender Trend bekam nachhaltigen Anschub: Tiny-Häuser, kleine meist aus Holz oder auf Wohnwagenbasis erstellte, oft mobile kleine Häuschen, in denen man zwar etwas beengt, aber quasi autark leben kann, ohne sich unbedingt ein Leben lang verschulden zu müssen. Insbesondere Alleinstehende, Studierende und kinderlose Paare nutzen diese Möglichkeit.

Viele Straßen sind in einem schlechten Zustand, aber dafür gibt's weniger Verkehr. Die Infrastruktur in Stromleitungen, Internetausbau, Bus- und Bahnverkehr wird kräftig ausgebaut. Die Produktion von Verbrennungsmotoren und Plastikmaterialien ist verboten. Eine ungeheure Ausbildungs- und Schulungsinitiative in Richtung handwerklicher und sozialer Berufe trägt erste Früchte.

Den Urlaub verbringt man in der Regel zu Hause oder zumindest irgendwo in Deutschland. Fahrräder überall, meist mit Elektromotor, Lastenräder, Fahrräder mit drei Rädern und Regenschutz. Immer häufiger auch mit Sonnenkollektoren. Alles Mögliche wird ausgebuddelt und recycelt. Wegwerfen wird stets geächtet. Müllvermeidung steht bei jeder Warenproduktion und Dienstleistung hoch im Kurs. Wartung und Pflege sind die neuen Zauberworte menschlichen Zusammenlebens.

Die Krise aus 2020 hat die Welt der Wirtschaft ins Wanken gebracht und nach und nach zum Umdenken gezwungen. Der Mensch hatte vergessen, dass er Natur ist und nicht der Herr des Smartphones. Nach Corona folgten resistente Bakterien, die auf Tastaturen und Türklinken nisteten. Zu den Masken kamen Gummihandschuhe, weil es ja immer schwieriger wurde neue Antibiotika gegen mutierte Keime herzustellen. Das Gesundheitswesen ging in die Knie, weil niemand den Job mehr machen wollte. Erst als der Druck auf die Bevölkerung so groß wurde, dass es keine Aufnahmen mehr gab in Heime, Betten geschlossen werden mussten und die Menschen reihenweise zu Hause starben, schwenkten die Politiker um und folgten den Wissenschaftlern und verboten den korruptionsgeneigten Lobbyismus.

Ganz allmählich, nachdem man die Besteuerung radikal umgestellt hat und zu verzichten gelernt hat, stabilisiert sich das System. Die Menschen müssen nicht ums Überleben fürchten, weil durch die neue Art der Besteuerung für jeden ein Grundeinkommen zur Verfügung steht. Besteuert wird nicht mehr vorrangig die Arbeitsleistung der Menschen, sondern das, was geschaffen wird in Produktion, Waren- und Geldverkehr und Dienstleistung. So hat also auch Martins Beteiligung an der Initiative zur Einführung eines bedingungsloses Grundeinkommen einen großen Beitrag geleistet zur Erhaltung des sozialen Friedens.

Die übrig gebliebenen Reichen leben verbarrikadiert und in Angst vor Plünderern und Randalierern zurückgezogen und durch Militär geschützt, aber da es keine finanzielle Not mehr gibt, sinkt auch die Kriminalität von Jahr zu Jahr. Die Menschen haben im Grunde die gleichen Chancen und neiden nicht dem Erfolgreicheren oder Klügeren ihren Gewinn.

Die Menschen bleiben bei Kontakten außerhalb ihrer Familien auf Distanz, halten sich an Hygieneregeln. Gleichzeitig intensivieren sie im Zuge ihres Bedürfnisses nach Nähe, Berührung und Bindung das Zusammenleben mit ihren Nächsten. Sie können verweilen und zuhören, gemeinsam Dinge tun, wie Kochen, Gärtnern, Spielen, Musizieren, gemeinsam Neues planen. Auch regiert nicht mehr die Zeit und der Effizienzsteigerungsdruck des kapitalistischen Systems. Vielmehr wird Zeit gefüllt mit „in der Zeit sein". Trotz aller deutschen Liebe zur Pünktlichkeit, mutiert sie nicht zum Druckmittel, sondern bereichert das Zusammenleben als Meilenstein und die Zeit wird irgendwie immer neu mit Sinn gefüllt. Nicht Massenproduktion, Angst um Jobverlust, langweilige Unterhaltungsfilme oder Raserei auf den Straßen bestimmen mehr das Leben, sondern die Freude am Sichnahsein, am Erfülltwerden im Gerade-Jetzt-Tun, an gegenseitiger Vertrautheit, Versunkensein in der Zeit und die Lust am Gelingen prägen den Alltag. Nicht die Höhe der Erträge allein oder die Höhe des Gehalts bilden die Antriebe für das Handeln, sondern die Investition in Bildung und Gesundheit, einfach das Wohlbefinden und die Garantie für Erfahrungen des Wirksamseins.

Nicht mehr das Hin und Her zwischen Stress und Langweile bestimmt den Lebensrhythmus der Menschen, sondern viele haben nun gelernt, zwischen Erregung und Aufmerksamkeit auf der einen und Ruhe und Versenkung auf der anderen Seite richtig zu dosieren. Die immense Datenflut über Medien aller Art ist gestoppt und man kann wieder Vorhersagen treffen.
Die Riesenauswahlmöglichkeiten von allerlei Produktpaletten mit dem Trugbild einer Wahlfreiheit sind verschwunden und mit ihnen Unentschlossenheit und Lähmung ebenso wie Reizüberflutung und Druck. Die Welt ist wieder überschaubarer und in gewisser Weise berechenbarer für den einzelnen und das stärkt das Selbstvertrauen. Die Menschen haben begriffen, dass sie ein verletzbarer Teil der Natur sind und nicht die Beherrscher von Maschinen, wollen auch nicht mehr Opfer von Manipulation und Machtausübung sein.

All das sah ich als Drohne über dem Seelenkern, der Safira eingepflanzt war. Eine Utopie – freilich! Alles zubereitet in einem einzigen Traum in dieser Nacht der Anderen Welt, was dem Leser einfach unfassbar erscheinen muss.

Ein Blick zurück

Safira war 2016 zunächst weiter geradelt, ein längerer Zwischenstopp in Siegen, um über den Winter zu kommen. An der Universität war sie mit jungen Studierenden ins Gespräch gekommen. Zunächst auf Englisch behielt sie ihre genaue Herkunft erst für sich. Sie musste Vertrauen gewinnen und war auf Gönner und Unterstützer angewiesen. Tatsächlich war in einer Wohngemeinschaft ein Platz frei geworden, eine der Mieterinnen, eine neuseeländische Ökonomie-Studentin, war den Winter über in den „Sommer" Neuseelands zurückgeflogen, um den Eltern auf der Shelly Beach Farm zu helfen. Die Miete des Zimmers war im Voraus bezahlt. Die neuseeländische Studentin erklärte sich einverstanden, dass Safira das Zimmer über die Wintermonate bezog.

Safira sorgte, im Gegenzug für ihre kostenfreie Unterkunft und das Schweigen der beiden Mädchen über ihre Herkunft als illegaler Flüchtling, für Ordnung und Sauberkeit, kaufte für die Wohngemeinschaft ein oder „besorgte" schon mal etwas bei der Tafel oder aus dem Container eines Supermarktes, wenn sie mit dem Haushaltsgeld der beiden nicht auskam und kochte das mediterrane Essen, so wie sie es früher bei ihrer Mutter in Georgien gelernt hatte. Auch genoss sie es, sich gelegentlich an Abenden beim Essen mit den beiden anderen Mädchen zu unterhalten, die sie immer wieder mit Komplimenten bedachten.

Und wie dankbar war sie, dass ihr der Zugriff auf die vielen Bücher gestattet wurde, in denen sie mit der Zunahme ihres deutschen Wortschatzes immer besser zu lesen verstand. So lernte sie bald auch die deutsche Sprache besser zu sprechen. Zwar konnte sie sonst nicht zum Lebensunterhalt in der Wohnung beitragen, aber die Mädchen teilten auch deswegen gern, da sie aus gut betuchten Elternhäusern stammten und keine Geldnot litten und zudem das stets leckere Essen zu schätzen wussten, das Safira zubereitete.

Außerdem fesselten sie Safiras Geschichte, die sie so häppchenwei-se aufschnappen durften und staunten nicht wenig über den Mut und die Disziplin dieser Frau.

Marta und Maria

Julia, eine der beiden, studierte evangelische Religion für das Lehramt und sollte eine Unterrichtsstunde für eine siebte Schulklasse vorbereiten. Sie sollte die Geschichte von Marta und Maria aufbereiten und Vorschläge für einen Unterrichtsentwurf unterbreiten. „Ich finde einfach keinen Zugang!" stöhnt sie am Küchentisch sitzend und schaut Safira hilfesuchend an. „Was ist denn?" fragt sie. „Okay, hör zu, diesen Bibeltext soll ich im Unterricht behandeln." Safira zieht den Hocker heran und gießt sich Kaffee in ihre Tasse. „Schieß los!" sagt sie und nimmt einen Schluck aus der Kaffeetasse.

„Im Lukasevangelium erzählt der Evangelist von einer Begegnung von Marta und Maria mit Jesus. Jesus zieht mit seinen Jüngern lehrend durchs Land und will auch Lazarus besuchen, er trifft aber zu Hause nur dessen Schwestern Marta und Maria an, da Lazarus noch auf der Reise ist. Die beiden bitten Jesus und die Jünger herein und Marta bietet ihnen auch sogleich Getränk, Kost und Logis an. Während Maria zu Füßen Jesu sitzend zuhört und vielleicht auch Fragen stellt, macht sich Marta sogleich umsichtig und emsig daran, für die Gäste alles zum Besten zu richten. Sie putzt, macht die Betten, kocht und sorgt für Getränke. Für die beiden Schwestern ist die Beherbergung des hohen Gastes eine große Ehre und so geben sich beide und jede auf ihre besondere Weise, große Mühe, dem hohen Besuch alles recht zu machen. Hier der Text des Lukasevangeliums aus der Einheitsübersetzung:

Als sie weiterzogen, kam er – Jesus - in ein Dorf. Eine Frau namens Marta nahm ihn gastlich auf. Sie hatte eine Schwester, die Maria hieß. Maria setzte sich dem Herrn zu Füßen und hörte seinen Worten zu. Marta aber war ganz davon in Anspruch genommen zu dienen. Sie kam zu ihm und sagte: Herr, kümmert es dich nicht, dass meine Schwester die Arbeit mir allein überlässt? Sag ihr doch, sie soll mir helfen! Der Herr antwortete: Marta, Marta, du machst dir viele Sorgen und Mühen. Aber nur eines ist notwendig. Maria hat den guten Teil gewählt, der wird ihr nicht genommen werden. "

Julia legt die Bibel aus der Hand und schaut Safira an:
„Was denkst Du?"

„Nun, die Maria , das bin ich. Ich sitze hier und höre dir zu."

„Okay, aber es fehlt die Dritte!"

„Na klar, die ist in der Küche oder beim Einkaufen. – Und wir stellen uns vor, du seist ein vornehmer Gast, den Katrin und ich empfangen haben."

„Das ist gut! Wer könnte ich sein?"

„Vielleicht ein Professor, der zu einem Kongress in der Stadt ist und dein Uni-Prof hat dich gebeten, ihn für zwei Tage zu beherbergen, da sie kein freies Hotelbett mehr in der Stadt gefunden haben."

„Ganz plausibel! Und was würden Katrin und du nach der Begrüßung machen?"

„Na, die Katrin sieht das der Kühlschrank leer ist und ist deswegen schnell einkaufen gegangen. Jetzt macht sie gerade das Bett und saugt das Zimmer. Ja – und ich sitze hier und hör dem Professor zu; er erzählt mir von seinem neuen, spannenden Forschungsprojekt und ich hab dazu immer mal wieder eine Frage."

„Ja, ja, so könnte es sein! Und dann kommt Katrin rein?"

„Ja, und sie fragt den Professor, ob es denn richtig sein kann, dass sie alle Vorbereitungen allein machen muss, da ist nämlich noch viel zu tun, wenn das Essen rechtzeitig fertig sein soll und ob er nicht mal Safira sagen könnte, dass sie ihr helfen solle."

„Hättest du da nicht selbst darauf kommen können? Du siehst doch, was noch alles zu tun ist!"

„Schon, aber sollte ich so unhöflich sein und den Professor hier alleine sitzen lassen, wo er gerade so im Redefluß ist? Außerdem bestätigt er ja, dass ich den besseren Teil erwischt habe. Katrin hat halt die Arsch-Karte!"

„Aber tut dem Professor nicht auch Katrin leid?"

„Schon, das sagt er ja auch, dass sie viele „Sorgen" hat und so. Aber es ärgert ihn vielleicht auch, so wie mich, dass Katrin das nicht Mir sagt, sondern den Professor benutzt und mitschuldig macht an ihren Sorgen! Katrin hätte mich ja auch kurz rufen können und Mir sagen, dass sie verärgert ist, weil sie scheinbar alles allein stemmen muss. Sie meint wohl, ich würde nicht sehen, was für Arbeit anliegt."

„Stimmt! Jesus, äh, den Professor da einfach allein sitzen zu lassen, wäre auch nicht gerade nett oder gastfreundlich gewesen."

„Ja, Marta, äh, Katrin hat ja auch andere Möglichkeiten gehabt ihr Problem zu lösen."

„Genau! Und dazu können doch deine Schulkinder sicher auch Ideen entwickeln, oder?"

„Das ist es! Ein Rollenspiel und hinterher diskutieren oder entwickeln die Kinder selbst Alternativen. Super! Du hast meine Stunde gerettet, danke Maria, äh, Safira, danke!"
Auch mich hatte der Bibeltext zunächst befremdet und ratlos zurückgelassen, aber mir gefällt beim Drohnenflug sofort, die „gött-

liche" Abstinenz. Marta wird es also irgendwann zu viel und vielleicht ist sie auch ein wenig neidisch auf Maria. Zumindest ärgert es sie, dass Maria da – in ihren Augen - tatenlos sitzt und Marta die ganze Arbeit allein zufällt. Man kann Marta natürlich gut verstehen und der naive Leser wundert sich ein wenig über die Reaktion von Jesus. Denn aus der Sicht von Marta kann man die Überlastung geradezu spüren.

Was nun aber folgt, ist eben eine sehr typische Verhaltensweise, wie sie beispielsweise Kinder zeigen. Anstatt Maria direkt und selbst anzusprechen und sie zu bitten ihr zu helfen, will sich Marta der Unterstützung durch die Autorität von Jesus vergewissern. Jesus aber ist natürlich geschmeichelt von der interessierten Zuhörerschaft der Maria; sie tut ihm gut und das Zuhören und vielleicht auch Nachfragen gefällt ihm, weil es seine Autorität stärkt und er sich verstanden fühlt!

Marta hätte durchaus andere Optionen gehabt, um sich von der Arbeit entlasten zu lassen. Sie hätte zum Beispiel Jesus selbst um Hilfe bitten können, etwa mit dem Hinweis, dass auch sie ihm gerne zuhören würde, wegen der vielen Arbeit aber nicht die Zeit dazu finde. So hätte man gemeinsam die Hausarbeit tun können und vielleicht hätte sich am Tisch Gelegenheit des Zuhörens gefunden.

Und so empört es Jesus innerlich, dass Marta versucht seine Person zu instrumentalisieren und er macht Marta deutlich, dass es der Teil ist, nämlich Zuhören, der Maria nicht genommen werden soll. Gleichzeitig scheint er sie auch zu verstehen und bestätigt ihr, dass sie sich viele Mühe und Sorgen mache. Aber indem er sie gleich zwei Mal mit Namen anruft, versucht er ihr auch deutlich zu machen, dass nicht Sorgen und Mühen, sondern auch die frohen Botschaften, die er zu verkünden hat, ihren Platz haben müssen.
Dass er nicht auf ihren Wunsch eingeht, muss Marta natürlich zu denken geben. Ihr Teil bleibt es nun, eine Lösung für IHR Prob-

lem zu suchen, ohne dazu seine Person zu missbrauchen. Dahinter steckt natürlich auch die Erkenntnis, dass es nicht gut ist, wenn man (hintenrum und schon gar nicht pura Publikum anklagend) über andere als mit ihnen selbst spricht. So wäre sicher eine Ich-Botschaft von Seiten Martas an Maria die wertschätzende und angemessenere Form gewesen, oder – wie bereits oben angedeutet – eine Art „Überlastungsanzeige".

In der Pflege und im Umgang mit Menschen zum Beispiel im Kontext einer Gastfreundschaft gehört eben beides zusammen: Erfüllung der Grundbedürfnisse, aber auch das wertschätzende Zuhören. Respekt eben, und zwar nicht nur gegenüber dem Gast, sondern gegenüber jedermann.

Julia sieht nun, wieviel Potential in der Geschichte steckt und sie ist gespannt, was die Kinder daraus machen werden.

Weihnachten verbringt Safira dann ganz allein in der großen Wohnung und es fällt ihr zum ersten Mal auf, wie sehr sie die vertrauten Gespräche mit den beiden Frauen vermisst. Auch sehnt sie sich mit neidischem Blick auf die erotischen Abenteuer der einen der beiden, deren Laute zu ihr aus dem Nachbarzimmer herüberdrangen, nach einem sexuellen Erlebnis mit einem Mann. Zwar findet sie rein optisch nicht viel an dem Freund, aber dennoch erinnern sie die Geräusche von nebenan an die Liebesnächte mit Silvio und entfachen ihre Fantasie so stark, dass sie dabei masturbiert und den Höhepunkt genießt.

Katrin, die mittlerweile zur Freundin geworden ist, ist seltener abends da. Sie hat einen Freund, bei dem sie manche Nacht verbringt. Ihre Sehnsucht nach einer vergleichbaren Beziehung wächst darum umso mehr, aber sie scheut das Risiko, sich mit einem Mann einzulassen, wohl bemerkend, dass sie nicht unattraktiv auf das andere Geschlecht zu wirken scheint. Aber es ergeben sich - zum

Glück - auch relativ wenige Gelegenheiten, das andere Geschlecht näher kennenzulernen.

Weiter am Hof vorbei

Ende März 2017 bricht Safira auf und radelt weiter gen Norden. Die hügelige Stadt war ohnehin nichts für Radler wie sie es jetzt geworden war. Und sie musste unweigerlich schmunzeln über den Spruch eines Kommilitonen während eines nachmittäglichen Besuchs: „Was ist schlimmer als Verlieren? Siegen!" Dennoch war der Abschied tränenreich und mit guten Empfehlungen und Glückwünschen der Studentinnen versehen. Sie will weiter, am liebsten in die Nähe von Hamburg, wo einst ihr Silvio war, gute Menschen finden und da oder anderswo heimisch werden.

Unterbrochen nur von einer Zeltübernachtung im Wald bei Bödefeld führt ihre Reise zunächst nach Paderborn, wo sie sich wegen der doch noch frostigen Nacht in einer Jugendherberge einquartiert. Dazu hat sie den abgelaufenen Personalausweis von ihrer, ihr relativ ähnlich sehenden, Wohngemeinschaftskollegin aus Siegen vorgelegt und hat also mit falschem Namen unterschrieben. Zum Glück fällt dem jungen Mann an der Rezeption das Ablaufdatum nicht auf oder es ist ihm nicht so wichtig.

Nach einem Zwischenstopp Nähe Bielefeld radelt sie weiter in Richtung Osnabrück. Es ist den Tag über bei wolkenlosem Himmel, der noch in den Nächten zuvor den Boden auskühlen und sie zum Frösteln gebracht hatte, warm geworden. Die Sonne flimmert an manchen Stellen wie im Hochsommer über dem Asphalt, als sie zwischen Wiesen und noch grünen Rapsfeldern hindurchgleitet. Auf einem Abhang neben ihr stehen Apfelbäume und ein kleiner Bach schlängelt sich - etwas tiefer noch - durch das Gelände auf einen Hof zu, dessen Fachwerk Beständigkeit und Ruhe ausstrahlt.

Es ist früher Nachmittag. Große Betonplatten führen in einer leichten Doppel-S-Kurve darauf zu. Der offizielle Radweg, dem sie auf der App folgt, scheint direkt daran vorbei zu führen. Da sieht sie den märchenhaften Brunnen am Rande des Gartenzauns, stellt ihr Rad ab und kramt nach ihren Plastikflaschen, um sie mit dem klaren Brunnenwasser zu füllen, wie sie es schon oft auf ihrer Reise von Griechenland bis hierhin getan hatte. Mittlerweile mag sie gar kein Wasser mehr trinken, das zu viel Kohlensäure enthält, so sehr hat sie sich an das einfache, stille Wasser gewöhnt. Sie nimmt die letzten drei Schlucke des lauwarmen Wassers und als sie gerade die gefüllte Flasche wieder zuschrauben will, hört sie ein kurzes Hundebellen.

Sie war durch das Küchenfenster des Hofes beobachtet worden. Inga Probst, die gleichzeitig neugierige wie misstrauische, aber gleichwohl offenherzige und hilfsbereite Hausherrin, ist vom kurzen Bellen des Labradors aufgeschreckt, ans Fenster getreten und hat das „junge Fräulein mit der gelben Mütze und dem schicken Damenrad", wie sie es später dem Ehemann berichten wird, gesehen und, neugierig wie sie nun mal ist, tritt sie sogleich durch die Fliegengittertür hinaus.

„Ach junges Fräulein, sind Sie auf der Reise? Kann ich Ihnen weiterhelfen? Der Radweg ist weiter unten nicht gut ausgeschildert." Kurz erschrickt Safira und sieht zunächst den dunkelbraunen Labrador am Gartentor und dann die alte Dame in hellblauen Jeans und rotkariertem Hemd unter der Daunenweste langsam auf sich zukommen, deren Anblick sie zugleich befremdet und doch anzieht. Die ausgeprägten Lachfältchen an den Schläfenseiten der Augen und der schmale, aber lächelnd wirkende Mund, aus dem diese freundlich-zugewandte Stimme zu ihr dringt, lässt sie sofort wieder sicher werden. „Ich hab´ mir etwas Wasser aus ihrem Brunnen entborgt. Ich hoffe, Sie haben nichts dagegen?"

Welch ein gepflegtes Deutsch? Und da ist doch ein Akzent?! denkt Inga Probst, um aber gleich zu antworten: „Aber nein, dafür ist er ja da. Müssen Sie noch weit? Wo soll es denn hin gehen?"

Mit dieser Frage ist Safira gleichsam etwas überfahren und so folgt von ihr nicht gleich eine passende Antwort.

„Wollen Sie nicht einen Moment hereinkommen? Ich habe Kaffee aufgesetzt und bin allein. Mein Mann ist im Dorf zum Einkaufen und will sich heute Abend noch einen Vortrag anhören. Kommen Sie! Ruhen Sie sich ein wenig aus!" „Das ist aber nett! Thank you!"

Die Dame streckt ihre Hand aus: „Ich bin Inga!" und Safira ergreift diese warme, etwas raue Hand, die ihr da am langen Arm entgegengestreckt wird. „Kann ich mein Rad hier irgendwo abstellen und abschließen?" „Stellen Sie es neben den Schuppen. Hier klaut keiner. Sie müssen es nicht abschließen." „Okay!" „Nur herein in die gute Stube!"

Eine Stunde später, nach zwei oder drei Tassen Kaffee und ein paar leckeren, selbst gebackenen Keksen, sind die beiden so locker und heiter miteinander vertraut, dass Safira beim Blick auf die Uhr mit Erschrecken feststellt, dass sie die Zeit ganz vergessen hat und eigentlich keine Lust hat, noch in der Nasskälte des hereinbrechenden Abends wieder irgendwo im Wald ihr Zelt aufzuschlagen und so fragt sie unvermittelter Dinge Frau Probst, wie sie sie jetzt anspricht, nachdem sie den Namen auf dem Klingelschild bei der Rückkehr von einem Toilettengang erkannt hat, ob sie im Garten auf der Wiese für ein paar Nächte ihr Zelt aufschlagen dürfe.

„Aber das kommt ja gar nicht in Frage, du kannst im Gästezimmer schlafen. Wir haben Platz genug. Außerdem könnte ich morgen eine helfende Hand gebrauchen, mein Mann kommt erst morgen Abend wieder und ich muss die Ziegen melken." Das „Du" fällt Safira gleich auf und sie staunt, wie schnell diese Dame Vertrauen zu ihr fasst.

Völlig perplex und doch irgendwie dankbar sitzt Safira da und staunt über die so rasche Vereinnahmung durch die nette alte Frau, der sie sich aber gar nicht erwehren möchte. Sie hat irgendwie das Gefühl, hier richtig zu sein und - nickt. „Danke!" Und bevor sie noch was fragen kann, ist Inga Probst schon aufgestanden.

„Bevor du deine Sachen reinholst, zeig ich dir erst mal das Zimmer. Komm!" Wie ein kleines Kind, das ihrer Mutter folgt, kommt sie sich vor und eilt ihr hinterher. Das Gästezimmer, eingerichtet wie ein karges Hotelzimmer, aber geräumig und mit einem Waschbecken versehen, gefällt ihr sehr und sie freut sich auf eine Nacht ohne Isomatte und Schlafsack.

Nachdem Safira die Packtaschen vom Fahrrad und ihren Rucksack vom Fahrrad nach oben ins Gästezimmer getragen hat, trifft sie im Wohnzimmer noch einmal auf Inga, die in einem Sessel sitzend Stricknadeln bewegt. Der Labrador ihr zu Füßen springt gleich auf und wedelt heftig mit dem Schwanz, umkurvt Safira und schnuppert an ihren Händen, die sie vorsichtig ihm entgegenhält, woraufhin der Hund scheinbar beleidigt abdreht.

„Setz dich und erzähl!"

„Was soll ich erzählen? Ich bin halt unterwegs und will nach Hamburg, einen Freund meines Lebensgefährten besuchen. Es freut mich sehr, dass ich bei Ihnen übernachten darf. Leider lässt meine Reisekasse keine großen Ausgaben zu. Wenn ich Ihnen aber anderweitig helfen kann, will ich das natürlich gerne tun. Möchte Ihnen nichts schuldig bleiben. Noch mal vielen Dank! Das Zimmer ist sehr gemütlich, ich werde sicher gut schlafen."

„Du. Wir waren beim „Du". Ja – so eine Nacht im Zelt ist eben nicht dasselbe wie ein Bett, nicht wahr?"

„Das stimmt, aber das Schlafen im Zelt trainiert auch den Körper, fordert den Geist und man ist so nah an der Natur, das fordert den ganzen Menschen heraus und belebt, aber manchmal braucht man schon auch etwas mehr Entspannung und Ruhe, das will ich nicht leugnen."

Inga hält volle Konzentration auf ihre Stricknadeln und verarbeitet im Hinterkopf das Gesagte. Sie spricht sehr gepflegt und überlegt, das gefällt ihr und so entsteht eine kurze Lücke im Gespräch.

„Was ist denn hier ihre Arbeit, betreiben – betreibst du hier Landwirtschaft?" „Aber nein, wir haben kaum Fläche und auch keine großen Ställe, nur ein paar Wiesen und einen großen Garten., Hühner, Ziegen und ein paar Bienenstöcke. Viel Arbeit für Johann und mich, aber es reicht für uns zum Leben!"

„Aber sie … du, äh – ihr könnt doch nicht allein von Ziegen, Hühnern, Obst und Gemüse leben?"

„Nein – das können wir nicht alles allein essen." schmunzelt Inga und fährt fort: „Wir verkaufen es auf Wochenmärkten und an ein paar Läden in der Umgebung. Aber damit wir mehr von dem essen, was wir selbst herstellen, ist ein Mitesser mehr an unserem Tisch immer willkommen."

Safira hört Inga interessiert zu, stellt immer wieder Nachfragen bis Inga sich erhebt und meint, es sei Zeit für das Abendessen.

Inga und Johann

Inga Probst hat viel geredet; sie wohne schon ewig hier und ihr Mann, Johann, und sie seien seit 34 Jahren verheiratet. Leider hätten sie nach sieben Fehlgeburten ihren Traum vom eigenen Nachwuchs begraben und hätten sich auf ein Leben im Hier und Jetzt besonnen, seien schließlich nach der Arbeitslosigkeit des Ehemannes ganz aufs Land gezogen. Den Hof hatte ihnen der alleinstehende und kinderlose Onkel vererbt. Völlig runter gekommen war der Hof. Aber ihr Mann sei handwerklich geschickt und habe viele Dinge selbst machen können. Sie selbst hatte am Ende des Lehramtsstudiums Anfang der Achtziger Jahre keine Stelle als Lehrerin im Fach Deutsch und Philosophie gefunden. Die Auswanderungspläne nach Australien wurden dann durch den Erwerb dieses Gehöfts durchkreuzt.

Ihr Ehemann, Johann, entstamme einer Handwerkerfamilie in der Nähe von Flensburg. Er hatte nach dem Abitur den Wehrdienst abgeleistet und dort einen Sanitäterkursus begonnen. Die Zeit beim Bund mit Hauptsitzpunkt in Delmenhorst hätte er als sinnlose und verlorene Zeit empfunden. Allein die Versorgung von Verletzten im Rahmen seiner Sanitäterausbildung hätten dem bis dahin völlig unentschlossenen jungen Mann dazu verholfen, eine Perspektive zu entwickeln und führten ihn schließlich dazu, sich für eine Krankenpflegeausbildung zu bewerben. Mit viel Enthusiasmus und voller Tatendrang hätte er diese schließlich in Osnabrück begonnen und habe drei Jahre später als Krankenpfleger im Klinikum begonnen. Nur wenige Jahre habe er in dem Beruf gearbeitet und schließlich mit dem Erwerb des Hofes den Sprung in die Selbstständigkeit gewagt.

Ingas Geschicklichkeit beim Gärtnern und die Liebe zu Tieren hatte bei ihm zunächst Bewunderung ausgelöst. Später habe er bemerkt, wie sehr er von Ingas immer neuen Ideen angesteckt wurde.

Und so hätten die beiden nach und nach ihr Vermögen und ihren Tatendrang in die Bewirtschaftung des Hofes gesteckt und waren stolz, dass ihr Bioladen nun schon seit einigen Jahren gut lief.

Nachdem Safira ihre Sachen in dem hellen Gästezimmer im Dachgeschoß untergebracht und sich etwas frisch gemacht hat, will sie gerade noch einmal das Haus verlassen, um nach ihrem Fahrrad zu sehen, als Ingas Stimme aus der Küche erschallt: „Ich hab es in den Schuppen gestellt, komm, du kannst mir ein wenig in der Küche helfen!"

Safira weiß sofort, was sie mit „es" meint und betritt die Küche. Inga macht gerade irgendeinen Teig und bestäubt eine Fläche mit Mehl. „Gib mir mal die Eier aus dem Kühlschrank! Ich will uns eine Quiche heute Abend machen. Magst du die Paprika klein schneiden?" Die Frage klingt eher wie eine Aufforderung oder Bitte. Aber Safira macht das gern. Und mit ein paar Anweisungen ist sie Inga tatsächlich eine Hilfe. Sie ist geschickt und gedankenschnell, denkt Inga und lächelt als Johann die Küche betritt. „Wen haben wir denn da zu Besuch? Und beide so fleißig. Was gibt's denn heut Abend?"

„Quiche und einen Salat mit Joghurt-Dressing" antwortet Inga und hält ihm die Wange für ein Begrüßungsküsschen hin. „Das ist Safira; sie ist mit dem Fahrrad auf der Durchreise und möchte ein paar Tage bei uns bleiben. Ich denke, sie wird uns gerne etwas helfen, wenn sie dafür Kost und Logis umsonst bekommt!?" Inga schaut Safira an und zwinkert verschmitzt mit dem linken Auge.

„Ich denke, du wolltest erst spät am Abend wieder zurückkommen?" fragt Inga. „Ach, ich konnte schon früher, weil der Dozent für den Vortrag, den ich noch hören wollte, krank geworden ist."

Nach dem Abendessen verabschiedet sich Johann gleich und besetzt den Sessel vor dem Fernseher, um noch die Nachrichten zu verfolgen, schleppt sich dann müde zum Bad und später zum Schlafzimmer hinauf. Safira hilft Inga noch beim Abdecken und nimmt, während Inga abwäscht, gedankenverloren ein Geschirrhandtuch und trocknet ab, was Inga neben das Waschbecken stellt. Ihre Konversation beschränkt sich auf Fragen und entsprechenden Anweisungen von Inga, in welchen Schrank nun was vom abgetrockneten Geschirr gehört.

Die beiden Alten gehen dann kurz nach den 20:00-Uhr-Nachrichten im Fernsehen ins Bett. Auch Safira schläft sehr gut und ist schon früh am Morgen wach, hört Inga im Badezimmer, anschließend Johann. Sie horcht an der Tür, ob alles frei ist und spurtet dann ebenfalls ins Bad. Johann liest Zeitung auf dem i-Pad und Inga kommt mit einem Korb voll Eiern gerade in die Tür. „Hast Du auch Hunger? Kaffee oder Tee? Kaffee, hoffe ich?" „Ja, Kaffee ist gut," sagt Safira.

Sie ahnen es schon! Safira ist hier also in einer Art Kommune gelandet. Es bleibt natürlich nicht bei ein paar Tagen, das grün-alternative Ehepaar hat sie quasi aufgenommen. Safiras Geschichte, die sie bruchstückhaft immer mehr zum Besten gibt, nimmt die beiden Alten gefangen und ihnen ist klar, dass die junge Frau sofort abgeschoben würde. So lassen sie sie bei sich wohnen und Safira dankt es ihnen mit tatkräftiger Unterstützung.

Safira spricht auch nicht mehr von dem Freund in Hamburg, den sie gar nicht kennt und von dem sie nicht weiß, wo er wohnt, und von dem sie gar nicht wissen kann, ob er ihr helfen kann. Hilfe aber und eine gewisse Sicherheit, so wie die Befriedigung ihrer Grundbedürfnisse hat sie nun bei Inga und Johannes gefunden.

Inga ist für Safira wie eine Ausbilderin; sie lernt Ziegen melken, Käse machen, Gartenpflege, Kochen und Bienenzucht, selbst Hühner schlachten. Und es gefällt Safira so gut, dass sie gar nicht mehr weg möchte. Zum Glück liegt der Hof abseits, hin und wieder radeln Fahrradtouristen vorbei oder ein Viehwagen holt Ziegen zum Schlachthof ab. Die beiden Alten haben auch keine näheren Verwandten und sie freuen sich über Safiras Anwesenheit, behandeln sie wie eine Tochter.

So ist sie schließlich hängengeblieben und lernt im Frühjahr 2018 Martin kennen, den Sohn der beiden Alten. Er sei zurückgekehrt zu den „Eltern", so erzählt es Inga einmal beim Glühwein an einem späten Novemberabend. Seine langjährige Beziehung war zerbrochen und in seinem Schmerz habe er den Job in Hamburg hingeschmissen, um den älter werdenden Eltern auf dem Hof beim Aufbau des Vertriebs von Honig und Ziegenkäse zu unterstützen. Das Geschäft mit dem Ziegenkäse und dem Bioladen floriert und sie beschicken mehrmals in der Woche einen Verkaufswagen auf den umliegenden Wochenmärkten. Ein Supermarkt nimmt sogar regelmäßig Ware ab.

Martin ist gar nicht ihr richtiger Sohn, gesteht Inga Safira an Weihnachten, als Safira sich an die Fehlgeburten erinnert und Inga darauf anspricht. Ob er denn adoptiert sei, fragt sie. „Aber nein, der ist genauso hiergeblieben wie du im letzten Jahr. „Er ist vermögend und lebt von den Zinsen und zahlt Miete," flüstert Inga hinter vorgehaltener Hand.

Safira ist wie elektrisiert und es treibt sie, das Mysterium um diesen Mann zu entschlüsseln wie einen Zauberspruch. Sie beobachtet ihn aufmerksam und merkt gar nicht, wie lange ihre Augen an ihm heften, wenn er in der Nähe ist. Und zunächst ist Martin etwas irritiert, aber auch er kann die Augen nicht von ihr lassen und spürt ihre Neugier. Ebenso erkennt Martin in Safira nicht nur deren weibliche Schönheit, sondern auch ihr Geschick und ihre Begabung für rasche Lösungen. Natürlich verliebt er sich in die ehrgeizige und fleißige Frau, die da bei den Eltern, vor den Behörden und der Öffentlichkeit versteckt, lebt.

Und so kommt es, wie es kommen muss. Denn Safira mag diesen geheimnisvollen Mann sehr und schon bald ist sie mehr bei ihm in seiner kleinen Wohnung im Anbau zum Hof als in ihrem Zimmer. Zunächst staunen beide über ihre gemeinsamen Interessen hinsichtlich Literatur und ähnlicher Ansichten zu Politik und Weltgeschehen, aber irgendwann stehen sie sich so nah, dass eine streichelnde Hand über den Unterarm oder den Rücken etwas in ihnen entfacht und nicht ausreicht, ihre Bedürfnisse nach Mehr zu stillen. Inga und Johann sehen das Ganze mit Wohlwollen und fördern listig die Gelegenheiten derer beiden Gemeinsamkeiten.

Martin wird klar, dass es mit dem Versteckspiel von Safira nicht auf Dauer so weiter gehen kann. Eigentlich hatte er nie vor, jemals zu heiraten, aber er erkennt, dass eine Heirat Safira das endgültige Bleiberecht verschaffen und das nervige Versteckspiel beenden würde. Da er sich in sie verliebt hat und sie quasi wie ein Ehepaar schon zusammen sind, stellt er ihr schließlich einen Heiratsantrag.

Mit der Heirat erhält Safira dann das endgültige Bleiberecht für Deutschland. Sie gesteht dann Martin, dass sie studieren wolle. Aber dann wird sie Ende 2019 schwanger. Und in den darauffolgenden Jahren bleiben beide an einander gebunden und sind vollauf damit beschäftigt, den Hofladen und den Betrieb am Laufen zu halten. Die Tatkraft und Kreativität der vier Hofleute ist dann gefragt, als im März 2020 der erste Lockdown im Zuge der Corona-Pandemie erfolgt.

Ein aufgewecktes, munteres Kerlchen bereichert ihnen das gemeinsame Leben, bringt sie und die beiden Alten zum Lachen und frischt immer wieder ihre Liebe zueinander auf. Jede freie Minute verbringt Safira mit Lesen und unternimmt nun in ihrer freien Zeit Radtouren mit dem Kleinen in die nähre Umgebung.

Gerechtigkeit

Tatsächlich kann sich Safira auch ihren Traum vom Studium erfüllen und ist nun seit 2026 mit einer halben Stelle als Lehrerin im nahe gelegenen Städtchen tätig. Nebenbei engagiert sie sich für den Erhalt und die Pflege des kleinen Waldfreibades und bietet für Kinder Schwimmkurse an, eingedenk der Tatsache, dass bei ihrer Flucht Silvio sein Leben verloren hatte, weil er eben nicht schwimmen konnte. Martin und Safira diskutieren gerne literarische Texte und Bibelstellen, obwohl keiner von beiden und auch Inga und Johann nicht, irgendeiner Religionsgemeinschaft zugehörig ist.

Im Unterricht geht es in der neunten Klasse um Parabeln und Gleichnisse und Safira will neben der Ringparabel zwei Bibelstellen mit den Kindern bearbeiten. Neben formalen Aspekten der Parabel soll es um das richtige Sinnverstehen gehen. Sie liest Martin die Stellen aus dem Matthäusevangelium vor. Zuerst die Geschichte von den anvertrauten Talenten und dann die Geschichte von den Arbeitern im Weinberg. „Fangen wir mit der zweiten an, die scheint mir leichter verdaulich?" fragt Safira.

Martin prescht sogleich zum Kern der Geschichte vor und fragt: „Stell dir vor, du würdest deinem Kind nur so viel von dir geben, wie es leistet. Wenn es nicht artig ist, wenn es sein Zimmer nicht aufgeräumt hat und aus der Schule mal schlechte Noten nach Hause bringt, würdest du es weniger mit Liebe entlohnen? Wäre das gerecht?"

„Nein. Niemals!" antwortet Safira. „Erstens können besonders kleine Kinder ja noch gar nichts wirklich „leisten", also einen Beitrag für das Einkommen der Familie oder so. Kinderarbeit wird ja nicht umsonst verboten. Zweitens aber will ich ja, dass sie zu leistungsfähigen Menschen heranreifen und dazu brauchen sie Nahrung, Kleidung, Sicherheit und bedingungslose Liebe."

„Es ist gewissermaßen auf höhere Ebene und auf die Gesellschaft übertragen, so etwas wie ein bedingungsloses Grundeinkommen, oder."

„Ja, den Vergleich sollte man ruhig ziehen, wenn man die Parabel als Gleichnis für uns Menschen insgesamt ernst nehmen will."

„Der Herr und ich denke wir können auch sagen: die Eltern die Arbeitgeber oder die Gesellschaft, sie vergeben einen Mindestlohn, der zum Überleben reicht. Hätte der Herr den später Berufenen nicht mindestens den Tageslohn gegeben, dann hätten sie nicht die Kraft erhalten, die er braucht, damit sie am Folgetag gesund wiederkämen, um wieder für ihn zu arbeiten.

Dass die Entlohnung der Arbeiter im Weinberg nicht nach dem Umfang der Leistung erfolgt, bringt nun aber diejenigen Arbeiter auf, die mehr geleistet haben und nun eine höhere Entlohnung erwarten. Der eine Tag, an dem der Herr die Arbeiter einstellt, symbolisiert aber offenkundig das gesamte Leben der Menschen und da gibt es immer welche, die stark und zur richtigen Zeit am richtigen Ort sind. Und die schauen dann voller Neid auf die, die nicht so viel oder gar nichts geleistet haben, aber auch Anerkennung durch einen Lohn erhalten. Der Herr, oder sollen wir nicht sagen: die Mutter, der Vater, sie geben aber das, was auch der Letzte zum gelingenden Leben braucht, sie entlohnen nicht nach Leistung, sondern nach den Bedürfnissen, die ein Mensch befriedigt sehen will, damit er gesund und voll Selbstvertrauen leben kann und dann sein Talent voll Vertrauen für alle gewinnbringend einbringen kann.

Und da hast du die Verbindung zu dem ersten Gleichnis von den anvertrauten Talenten. Wenn ich nicht Vertrauen durch meine Eltern oder meine Mitmenschen erfahre, dann bin ich nur auf meine

Sicherheit bedacht, lebe in Angst, vertraue keinem und verstecke mich, dann liegen meine Talente brach."

„Ja, aber angenommen, wir lassen einen vierten Knecht auftreten, der erhält drei Talente und verliert mit seinem Handeln sogar noch die anvertrauten Talente, vielleicht weil er zu viel gewagt hat, und muss vor dem Herrn seine leeren Hosentaschen nach außen klappen. Wie denkst du, wird der Herr – oder wenn du willst: die Eltern, die Mitmenschen - reagieren?"

„Eine sehr gute Idee und eine noch bessere Frage! Aber das wäre doch eine Frage, die ich den Kindern stellen könnte!?"

„Ja, du musst ihnen keine Lösung vorgeben; sie werden schon selber auf Antworten kommen, zum Beispiel, dass der vierte Knecht ja so viel verloren hat, dass er eigentlich getröstet werden müsste. Das ist es was er nun braucht, nicht wahr? Was die Kinder sagen werden, wird viel darüber aussagen, wie stark ihr Selbstvertrauen und ihr Vertrauen in andere ist. Damit lässt sich gut weiterarbeiten."

„Ja, da könnte sich dann auch eine gute Verbindung zum Gleichnis vom Verlorenen Sohn herstellen lassen." „Gut, ja. Da steht dann der zu Haus gebliebene Sohn für die neidischen Arbeiter, die mehr geleistet haben. Denn um die muss es gehen, damit Neid und Hass ein Ende finden können. Ihnen soll klar werden, dass auch sie sich über die Güte und bedingungslose Liebe von Eltern und Mitmenschen auch freuen können."

„Oder sie werden vielleicht, wenn sie die Sicht der Eltern einnehmen, feststellen, dass es gar nicht so leicht ist für Eltern und Arbeitgeber, alle gleich zu behandeln, auch wenn sie alle gleich lieben." „Richtig: Ein Lob auf eine gute Leistung zu bekommen ist im Nachhinein zwar verdient, aber einfach. Viel schwerer ist es, anderen zu gönnen, was sie im Sinne von Leistungsgesichtspunkten nicht verdient haben. Anstatt nach unten oder oben neidvoll zu blicken, sollten wir uns freuen, wenn alle Menschen in einer Gesellschaft das bekommen, was sie brauchen, um gute und gerechte Menschen zu werden."

Nach diesem Gespräch fällt es Safira überhaupt nicht mehr schwer, eine gute Idee für die Gestaltung des Unterrichts zu entwickeln.

Abrundung

Erst zwei Jahre nach der Geburt des kleinen Jungen, dem sie, zur Freude von Johann, den Namen Johannes geben, erfährt Safira Martins wirkliche Geschichte. Die Welt ist klein und Wunder gibt es immer wieder, denkt sie, als ihr eines Tages schlaglichtartig klar wird, dass Martin, der Martin aus Silvios Erzählungen ist. Auch Martin ist wie vor den Kopf geschlagen und kriegt den Mund vor lauter Staunen nicht mehr zu, als Safira ihm die ganze Geschichte ihrer Herkunft und ihrer Flucht erzählt und auch er erinnert sich an den georgischen Studenten, mit dem er an der Universität Badminton gespielt hatte..

Was nun diese Geschichte völlig rund macht, ist, dass diese kleine Gemeinschaft, die wie eine echte Familie zusammengewachsen ist und arbeitet, die Jahre der Pandemien sehr gut übersteht und besonders Martin seinen Traum vom bedingungslosen Grundeinkommen verwirklicht sieht.

Und sie sind noch nicht gestorben, sondern leben in mir fort.

Status quo

Soweit mein Drohnenflug im Tarnmantel.

Unerkannt in der Anderen Welt, bin ich nun zurück und weiß: Es geht weiter, immer weiter, aber es ist nicht besser geworden. Die Erde hat sich gedreht, aber nicht die Welt. Denn man hat nicht auf Rawls gehört und alles weiterlaufen lassen. Hin und wieder ein Gesetz, ansonsten wird der Markt es schon richten, denken die Gestrigen. So die vorherrschende Doktrin. Die Gesetze sind nicht so beschaffen, dass es zum guten Leben aller reicht. Die Übertretung im Dunkeln wird selten geahndet. Zu viel geschieht im Verborgenen. Transparenz wird gefordert und hintenrum alles verschleiert. Hat Cristo den Reichstag deswegen verhängt?

Und nun hat nicht der digitale Chip die Welt umgekrempelt, nein, ein Stück Biologie des Menschen in Form einiger anhaftender mutierter Viren hat die Welt in den Griff bekommen.

Der Mensch sei frei und wer sich anstrengt, wird den Lohn empfangen, so hieß es jahrzehntelang. Diese Glaubenssätze bestimmten den *mainstream*, wohl wissend, dass es am Ende in Wirklichkeit immer Glück ist, das persönlichen Reichtum schafft, wohl wissend, dass der Reichtum das Ergebnis aus Ausbeutung, Zufall, Herkunft, Erbe und Privilegien ist. Sie erfanden stets die passenden Gesetze, die die Privilegien der Mächtigen – ummantelt von Rhetorik, verwirrender Rede und mit Bezug auf uralte Glaubenssätze – konservieren. Sie waren überzeugt, dass ihr Status auf Leistung oder Talent beruht und belogen sich damit selbst. Mächtige und Priviligierte glaubten zu wissen, dass ihr Seelenkern nicht vor ein Gericht kommt, weil nach dem Tod alles vorbei ist. Sie glaubten nicht den Träumen und den Ideen der Mutigen.
Wer Visionen habe, solle zum Psychiater gehen, sagen sie.

Und die Herde folgte ihnen lange Zeit. Anders denken war erlaubt, wurde aber ignoriert oder mit Lügen bekämpft, und wo man was brauchen konnte vom Andersgedachten, wurde es gleich ausgeschlachtet für Gewinnmaximierung, Effizienzsteigerung und grenzenloses Wachstum. Es war die Welt der Eindimensionalität, in der Anderes bestenfalls gedacht, gehofft oder erfleht werden durfte, oft dem Reich der Religionen vorbehalten, aber nichts war für den Status Quo und das Diesseits.

Dabei, bei diesem Denken, waren alle Religionsgründer in Dieser Welt. Sie konnten nur Diese meinen, fanden sich darin aber nicht zurecht und folgten dem Glauben ans Jenseitige, bis hin zum Selbstmordattentat, das auf den Nichtglauben der anderen zielte, anstatt bei sich selbst zu bleiben und anzufangen, Wissen zu mehren anstatt Glauben zu pflegen.

Gefangen im Gesetzesdschungel der Mächtigen, von unsichtbaren Lobbyisten durchwirkt, drohten auch die letzten Menschen ohne Kalkül ihre Wirkung zu verlieren, und manche mochten ihre Lösungen nicht mehr kundtun, weil sich immer irgendein alter Glaubenssatz fand, der dagegensprach.

Es ist nicht das Geld, das angeblich immer fehlt, denn es lebt sich auch mit Schulden ganz gut, solange der Hahn nicht zugedreht ist. Nein es fehlt nicht an Geld. Das wissen wir eigentlich, und lassen doch noch den Glaubenssatz gelten, es müsse erst erwirtschaftet werden. Nein, es ist bereits erwirtschaftet. Wer hat, der soll geben und nicht noch mehr nehmen, weil man in Dieser Welkt sonst als Dummkopf gilt, wenn die Rendite nicht stimmt.

Es fehlt vielmehr an Ermöglichung, daran auch, und Mögliches zu denken. Aber die Freude etwas geschafft zu haben oder darüber, dass etwas gelungen ist, ist etwas anderes als Schadenfreude oder darüber, besser, erfolgreicher oder gewitzter als andere zu sein.

Es gibt sie, die Menschen, die nichts fordern, die nicht gewinnen wollen, die einfach nur sein wollen und wirken ohne zu schaden, die leistungsschwachen und ungeschickten Menschen ihre Welt und Wirklichkeit lassen können. Auch Safira erhoffte sich die Begegnung mit diesen Menschen, die so rar sind. Oder die irgendwann korrumpiert wurden. Dazu braucht es eigentlich keine Gesetze. Solche Menschen sind einfach bei sich und achtsam. Sie lassen dich, wie du bist, freuen sich mit dir und leben vom Gelingen. Wenn etwas gelingt, fragen sie nicht nach dem Gewinn, errechnen nicht den Nutzen. Sie sind wie Kinder ohne Macht. Sie betrübt nur, wenn Schaden entsteht und besprechen sich, wie er zu vermeiden gewesen wäre oder zukünftig vermieden werden kann. Das „Gelingen" ist ihr Zauberwort. Sie können sogar dem Schwachen seine Schwäche lassen. Sie neiden nicht dem Starken die Stärke. Sie wissen, dass es stets und immer genug gibt, genug auch an Lösungen.

Vorbereitung auf den nächsten Flug

Und nun bin auch ich wieder gelandet in der Welt des Hier und Jetzt, in der Realität, die sich am Skandal, am Geschwätz und am Bösen ergötzt und berauscht, weil sie Leere und Langeweile fürchtet. Ernüchtert zwar, und doch erkenne ich, dass der Schleier des Nichtwissens sich also nicht darauf bezieht, nicht zu wissen, ob und als was man wiedergeboren wird, sondern der Schleier ist ein Mangel des Mutes, selbst und anders zu denken und Glaubenssätze in Frage zu stellen. Schieben wir diesen Schleier beiseite.

Es wird Zeit mehr allumfassend Andersdenken zu wagen. Mögen unsere Philosophen endlich die Grenzen des Wissens jedem erkennbar werden lassen und dem Glauben Schranken setzen. Zuviel Glauben ist schädlich für das Leben. Zuviel Kontrolle auch.

Und ich wünsche mir eine neue Reise in die Andere Welt. In eine Welt, wo ich sehe, wie eine Safira Tomaten erntet. Diesmal ist sie gut gekleidet, sie hat ein gutes Einkommen, eine gemütliche Wohnung, kann ausreichend Pausen machen und regelmäßig essen und trinken und sie hat genügend Gelegenheit, ihren Körper fit zu halten für die Herausforderungen, die diese Arbeit immer noch bietet. Gleichwohl hat sie Freude am Denken und am Dialog mit anderen, darüber zu diskutieren, wie die Arbeit erträglich sein kann. Sie erhält Wertschätzung nicht nur in Form eines auskömmlichen Gehalts, sondern auch durch die Dankbarkeit der Manager, Controller und Vorgesetzten. Die wissen nämlich, dass Frauen wie Safira keine Maschinen sind, sondern Menschen mit Gefühlen und Bedürfnissen. Und die sich zugestehen und wissen, dass sie ihre Position mehr dem Glück als dem Eifer und der Leistung zu verdanken haben. Sie wissen, dass das Gesamtsystem so organisiert ist, dass aus dem Mehrwert immer genug übrigbleibt, um die Bedürfnisse aller zu stillen, selbst wenn es zu Abnahmeeinbrüchen kommt. Dieser Mehrwert fließt nicht in die Rendite derjenigen, die sich deswegen für klug und leistungsstark halten, wo sie dann den Mehrwert im Kapitalmarkt versenken und spielen lassen. Es gilt nicht mehr der als klug und gut, der Kapital anzusammeln versteht, und zur Erhaltung seiner Beliebtheit genügend spendet, sondern der, der das Wohl aller vor aller Spende zu mehren versteht. Gutmensch zu sein ist kein Schimpfwort mehr.

Safira wird nun, in dieser noch Anderen Welt, Ermöglichung erfahren. Sie verwirklicht sich nicht nur bei der Tomatenernte und dem Bewusstsein, ein gutes Produkt mit zu verkaufen. Sie genießt den flow und kann ihn benennen. Sie hat Zeit, sich zu bilden, kann sogar ein Instrument spielen, liebt es Sport zu treiben und sich ausreichend um ihre Kinder zu kümmern. Sie freut sich über die Wertschätzung für ihr ehrenamtliches Engagement. Sie kennt keine Not und muss sich nicht prostituieren. Denn jeder weiß mittlerweile, dass dies keine Utopie mehr ist, sondern nur eine Frage veränderter Haltung und einem Zulassen von Andersdenken, das Wissen nutzt und Glaubenssätze als interessegesteuert entlarvt.

Und so wünsche ich mir so sehr, dass ich einen neuen Flug in eine noch Andere Welt träumend er-fahren darf. Vielleicht kann ich dann einen Wahrheitskern mitnehmen, ihn Euch beschreiben und so einen Samen legen, dass nämlich Wissen wächst, Vertrauen belohnt wird und Ungleichheit in einem kontinuierlichen Verbesserungs-Prozess bekämpft wird.